Fisch und Meeresfrüchte
für Feinschmecker

K a r l   E d e r e r

Fisch und Meeresfrüchte für Feinschmecker

Meisterhafte Rezepte,
die leicht gelingen

Gestaltung der Bildseiten:
FoodPhotography Eising

Bechtermünz Verlag

Inhaltsverzeichnis

Über dieses Buch

Unter Feinschmeckern nimmt Fisch schon lange einen Platz in der ersten Reihe ein. Und das mit gutem Grund. Fisch ist leicht verdaulich und gesund, er läßt sich auf die vielfältigsten Arten zubereiten und er schmeckt einfach wunderbar.
In allen guten Lokalen steht Fisch in zahlreichen Varianten auf der Karte, und im »Gasthaus Glockenbach« hat er einen ganz besonderen Stellenwert. Denn Karl Ederer, Patron und Küchenchef, hat schon während seiner Lehrjahre Fisch besonders gerne zubereitet, woran sich bis heute nichts geändert hat. Sein Gasthaus gilt deshalb bei Münchner Gourmets als der Geheimtip in Sachen Fisch. In diesem neuen Feinschmecker-Buch präsentiert Karl Ederer seine besten Fischkreationen, alle Rezepte wurden in seinem Gasthaus persönlich von ihm entwickelt und erprobt. Wenn Sie zu Hause kochen wollen wie Karl Ederer, finden Sie in diesem Buch genug Anregungen, um Ihre Gäste so richtig zu verwöhnen. Den Anfang machen leichte und feine Vorspeise – warm und kalt – wie zum Beispiel Roh marinierte Sardinen mit Gemüse oder Langoustinen-Tarte mit Kaviar und Zitronensauce. Danach folgen Suppen und natürlich zahlreiche Hauptgerichte mit Fischen aus Süßwasser oder Meer sowie mit Meeresfrüchten, zum Beispiel Saiblinge mit Gurken, Steinpilzen und Brunnenkresse, St.-Peters-Fisch mit zwei Paprikasaucen oder Hummerkrabben mit Knoblauchravioli.

Außer den raffinierten Rezepten verrät Ihnen Karl Ederer in diesem Buch noch viele Dinge, die Ihnen die Vorbereitung und auch die Zubereitung der köstlichen Fischgerichte erleichtern.
So zeigen am Anfang des Buches die wichtigen Handgriffe das Vorbereiten der Fische wie zum Beispiel das Häuten und Filetieren – natürlich in Wort und Bild. Dann folgen wichtige Grundrezepte wie Fischfond und Gemüsefond. Mit diesem Grundwissen und den Rezepten selbst, die sehr ausführlich beschrieben sind, werden Sie mit der Zubereitung der verlockenden Rezepte sicherlich keinerlei Schwierigkeiten haben.
Wie exquisit die verschiedenen Fischrezepte sind, die Karl Ederer Ihnen in diesem neuen Feinschmecker-Buch anbietet, beweisen schon die appetitanregenden Farbfotos bei jedem Rezept. Alle wurden eigens für dieses Buch fotografiert und zeigen Ihnen, wie die Fischgerichte im »Gasthaus Glockenbach« serviert werden. Etwas aufwendigere Rezepte wie zum Beispiel Nudeln mit Botarga, Calamare und Algensprossen sehen Sie in Schritt-für-Schritt Abbildungen, damit auch wirklich alles ganz leicht gelingt.
Und nun viel Spaß beim Kochen und guten Appetit!

Ihr Bechtermünz Verlag

Für die Mitarbeit bei der Entstehung dieses Buches bedanke ich mich sehr herzlich:

bei meiner Frau Sigrid Ederer
bei Frau Inge Pfeiffer-Belli

bei meinem Partner Michel Dupuis für die Weinberatung

bei meinen Köchen
Thomas Thielemann
Ulli Schroth
Bernd Pils
Frank Jacobs
Andre Struwe
Annemarie Ostermeier

bei meinen Fischern
Familie Johann Rieger, Walchensee
Familie Sylvester Huber, Ammerland
Firma Hagen und Firma Lurz

Karl Ederer

Karl Ederer

Kochen und Kunst sind Empfindungsformen, die die Aussage des Schaffenden und das Berührtwerden des Wahrnehmenden zur Einheit verschmelzen lassen. Ein Gericht auf dem Teller spricht unmittelbar die Sinne an, ist aber von keiner beständigen Faßbarkeit. Es ist im Gegensatz zu Malerei, Musik und Literatur vergänglich.
Diese Tatsache setzt bei jedem ernsthaften Koch ein Höchstmaß an Können, Empfinden, Ehrlichkeit und Verantwortung voraus. Nur so wird aus dem flüchtigen Augenblick des Genusses eine nachhaltige Aussage über die Einmaligkeit und Herrlichkeit des Produkts. Kochen soll – wie jede andere Kunstform auch – in uns etwas berühren, in uns Saiten anklingen lassen, wunderbares tiefes Wohlbefinden vermitteln.
Diese Fähigkeit besitzt Karl Ederer. Mit seiner beinahe ehrfürchtigen Achtung vor dem einzelnen Produkt faßt er in seinen Gerichten das Einzelne zum Ganzen zusammen, ohne dem Einzelnen seine Eigenständigkeit zu nehmen. Das läßt die geschmacklichen Klänge entstehen, die unser Inneres in Schwingungen versetzt. Dies beherrschen nur die wirklich großen Meister.
Schon aus den »Lehr- und Wanderjahren« Karl Ederers können wir das ernsthafte Streben nach einer nicht flüchtigen Aussage ablesen.
1983 eröffnete er mit seinem Partner Michel Dupuis das »Gasthaus Glockenbach«. Er beließ es als Münchner Gasthaus. Nahm ihm das übertünchte Überflüssige, legte das Ursprüngliche und Wertvolles frei, hängte Moderne Kunst an die alten Wände und setzte so neue Akzente, ohne das Althergebrachte in Frage zu stellen. Sinngemäß sieht es bei Karl Ederer auf dem Teller ähnlich aus.
Wichtige Stationen auf seinem Weg zum Koch der absoluten Spitzenklasse waren das »Tantris«, noch unter Eckart Witzigmann, »Stucki« in Basel, »Le Duc« und »Archestrade« in Paris.
Dann folgte eine sehr entscheidende Zeit: Fast drei Jahre produktiver Zusammenarbeit mit Eckart Witzigmann im »Aubergine«.
Im »Le Duc« von Paul Minchelli – einem hervorragenden Fischrestaurant – fand er zum Ursprünglichen, zu den Wurzeln, zum Fisch in seiner Ganzheit und ständigen kulinarischer Wandelbarkeit.
Mit Eckart Witzigmann vervollkommnete er Perfektion und Kreativität, ohne die wirklich große Kunst nicht möglich ist. Karl Ederer ist der Mensch, der ohne den Glanz von Hummer und Gänseleber gut leben kann und gut leben läßt.
Er stellt das Produkt in seiner Einmaligkeit dar.
Eine Abstufung nach Wertigkeiten ist ihm fremd. Er haßt übertönendes, prahlerisches Getue. Er will zum Kern, zum eigentlichen Wesen vordringen und nur das vermitteln.
Sein niederbayerisches unbeirrbares Durchsetzungsvermögen, seine Intelligenz, seine enorme Sensibilität, seine Kraft und innere Heiterkeit lassen Gerichte entstehen, die durch Weglassen von Nebensächlichkeiten das Wesentliche darstellen.

Dr. Hans Lind

Mein Küchenwissen

Mit dem Einkauf fängt es an

Besonders wichtig für den guten Geschmack eines Fischgerichtes ist die Qualität, also die Frische des Fisches. Sie können an einigen Merkmalen sofort erkennen, ob der Fisch, den Sie kaufen möchten, wirklich frisch ist. Nämlich: mit natürlich glänzender Haut, die von einer leichten Schleimschicht überzogen ist; mit klaren, prallen Augen; mit kräftig roten Kiemen, die etwas verschleimt sind; mit einer Bauchpartie von fester Konsistenz. Flossen und Schwanz dürfen nicht angetrocknet sein, und die Schuppen sollen fest anliegen. Und: Mehr oder weniger penetranter Fischgeruch ist kein Zeichen für Frische.
Dies gilt für Fische allgemein, wobei Sie sich natürlich auch immer nach der Saison des jeweiligen Fisches richten, also zum Beispiel die Laichzeit und die Schonzeit eines Fisches beachten sollten. Im Handel nimmt man das oft nicht so genau und verkauft während der Schonzeit Zuchtfisch als Wildfang.
Bei Meeresfischen tauchen immer mehr Exoten auf, die die Namen der uns bekannten Fische tragen und ihnen auch sehr ähnlich sehen. Bei genauerer Betrachtung unterscheiden sie sich allerdings in Körperform, Konsistenz des Fischfleisches und vor allem im Geschmack. Das beeinflußt natürlich auch die Zubereitung. Besonders auffällig bei diesen exotischen Fischen ist die relativ spitze Nase bei allen Arten.
Falls Sie Krustentiere lebend kaufen, sollten diese wirklich einen lebendigen Eindruck machen. Bei Hummer und Langusten muß der Schwanz des Tieres noch fest mit dem Körper verbunden sein. Ein zu großer Abstand vom Körper und übermäßige Beweglichkeit sind ein sicheres Zeichen, daß das Tier kurz vorm Verenden ist. Sie sollten auch keine Tiere kaufen, die längere Zeit im Aquarium verbracht haben, da die Tiere in Gefangenschaft nichts mehr fressen. Es gibt auch mit Elektroschock getötete Tiere zu kaufen. Lesen Sie dazu auch Seite 126.
Beim Kauf von gefrorenen Krustentieren wie Gambas, Hummerkrabbenschwänzen und dergleichen sollten Sie darauf achten, daß die Schale keine hellen Flecken hat. Dies ist ein Hinweis auf Frostbrand.
Beim Kauf von Muscheln sollten Sie ganz besonders auf Frische achten. Sichere Hinweise dafür sind bei Muscheln die fest verschlossene Schale und ein angenehmer Geruch. Allerdings riechen Muscheln immer etwas intensiver als andere Meeresfrüchte. Achten Sie darauf, daß die Muscheln in den Originalkörben angeboten werden. Dort finden Sie ein Etikett mit einem Datumsstempel des Veterinäramtes; das Datum entspricht dem »Erntetag« der Muscheln und sollte nicht länger als 5 Tage zurückliegen.

Fisch richtig aufbewahren

Da zwischen Einkauf und Zubereitung des Fisches oder der Krustentiere meist einige Stunden verstreichen, sollten Sie einige wichtige Dinge beachten.
Fisch soll nicht direkt mit Eis in Berührung kommen oder später in Eiswasser liegen.
Wickeln Sie Fisch am besten in Frischhaltefolie und lagern Sie ihn im Kühlschrank.
Seit einiger Zeit gibt es neue Kühlschränke, sogenannte »Frische-Center«, die verschiedene Kältegrade haben. Im 0°-Bereich dieser Kühlgeräte läßt sich Fisch hervorragend aufbewahren. Wenn Sie Fisch zu Hause länger als 2 Tage aufbewahren möchten, sollten Sie ihn besser – in Gefrierbeutel verpackt – einfrieren, denn Fisch ist leicht verderblich.
Falls Sie Krustentiere lebend kaufen, im Gemüsefach des Kühlschranks aufbewahren.

Wichtige Handgriffe beim Vor- und Zubereiten

Austern öffnen

Die Austern unter fließendem kaltem Wasser abspülen. Dann die Austern mit einem doppelt gefalteten Tuch halten, damit die Schale nicht verletzt wird. Oder einen speziellen Kettenhandschuh zum Austernöffnen anziehen.

Die Auster mit der gewölbten Seite nach unten in die Hand nehmen. Einen Austernbrecher oder ein stabiles, kurzes Messer zwischen die Schalen schieben und die Austern mit einem kräftigen Dreh öffnen.

Jakobsmuscheln vorbereiten

Die Muscheln unter fließendem Wasser abspülen und mit der flachen Seite nach oben in die Hand nehmen.

Mit einem Austernbrecher oder einem stabilen, kurzen Messer zwischen die beiden Schalenhälften fahren und die Muschel mit einer kräftigen Drehbewegung öffnen.

Den Muskel durchtrennen. Die obere Schalenhälfte ablösen. Das Muschelfleisch mit einem Messer aus der unteren Schalenhälfte lösen.

Den grauen Rand und die dunklen Teile wegschneiden. Das übrige Fleisch und den Rogen gründlich unter fließendem Wasser waschen.
Den kleinen halbmondförmigen Muskel vom Fleisch abschneiden. Dann die Jakobsmuschel wie im Rezept beschrieben weiterverwenden.

Mein Küchenwissen

Rundfische vorbereiten und filetieren

Rundfische schneidet man meist in zwei Filets, also ein Filet auf jeder Fischseite. Dazu den Fisch gegebenenfalls zuerst schuppen und ausnehmen.

Die Schuppen mit einem speziellen Schupper oder einem Messer vom Schwanz zum Kopf hin abschaben. Dabei den Fisch immer wieder unter fließendem Wasser abspülen, damit die abgelösten Schuppen entfernt werden.

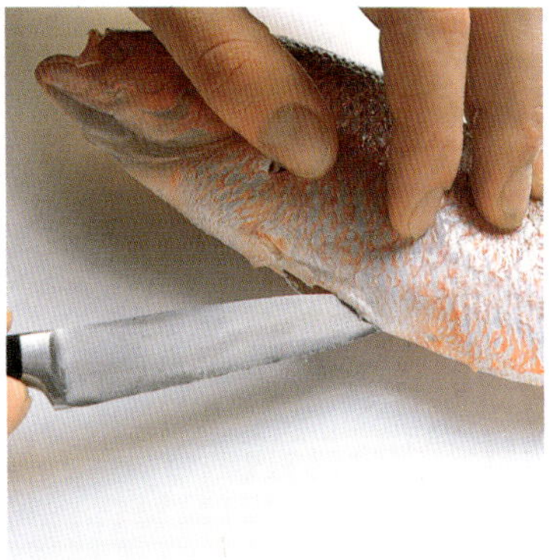

Die Bauchseite aufschneiden, doch nicht so tief, daß die Eingeweide verletzt werden.

Die Eingeweide vorsichtig mit den Fingern herauslösen. Den Fisch innen gründlich mit kaltem Wasser waschen.

Den Fisch flach auf ein Brett legen. Mit einem scharfen Messer entlang des Rückgrates die Haut vom Kopf bis zum Schwanzende einschneiden.

Das Filet direkt am Kopfende bis zur Mittelgräte einschneiden. Mit dem Messer flach an der Mittelgräte entlangfahren und so das Fischfilet vom Kopf bis zum Schwanz von den Gräten abschneiden. Den Fisch umdrehen und das zweite Filet von der Gräte lösen.

Die Filets eventuell mit einer Pinzette von den restlichen Gräten befreien. Wenn Sie die Filets noch zusätzlich häuten möchten, das Filet mit der Hautseite nach unten auf ein Brett legen.

Die Haut am Schwanzende mit einem kleinen Schnitt vom Fischfleisch abtrennen. Die Haut gut festhalten (eventuell mit einem Tuch). Das Messer zwischen Haut und Filet ansetzen und das Filet mit leicht sägenden Schnitten von der Haut lösen.

Fisch durch die Kiemen ausnehmen

Wenn Sie einen Fisch zum Beispiel im Ganzen grillen oder braten wollen, können Sie ihn durch die Kiemen ausnehmen. Auch wenn man einen Fisch nicht in Filets, sondern quer in Scheiben schneiden möchte, nimmt man ihn auf diese Art aus.

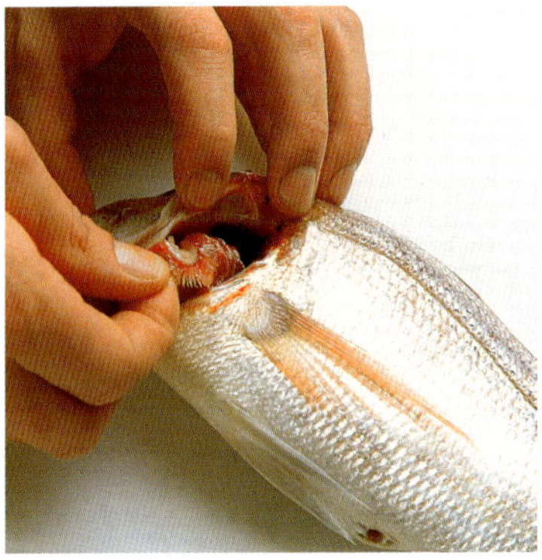

Dazu mit dem Zeigefinger hinter die Kiemen fahren und die Kiemen vorsichtig herausziehen. Dabei etwas achtgeben, denn die Kiemen sind scharf.

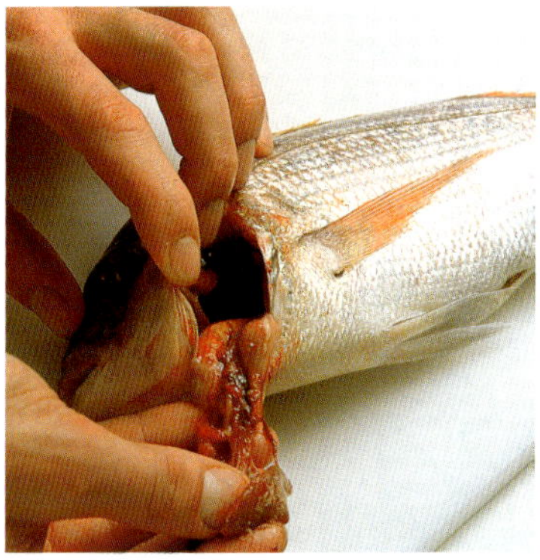

Die Eingeweide aus dem vorderen Teil der Bauchhöhle herausziehen.

An der Afteröffnung des Fisches einen kleinen Einschnitt machen. Die übrigen Eingeweide herausziehen und den Fisch durch die Kiemen innen gründlich kalt ausspülen.

Mein Küchenwissen

Plattfische vorbereiten und filetieren

Bei Plattfischen – vor allem bei größeren – werden meist vier Filets geschnitten.

Den Fisch mit der dunklen Seite nach oben auf ein Brett legen. Den Fisch entlang dem unteren Flossensaum mit einem scharfen, spitzen Messer einschneiden.

Den Fisch dann mit der Messerspitze direkt hinter dem Kopf halbrund bis zum Knochen einschneiden. Das Fischfleisch entlang der Mittelgräte gerade bis zum Rückgrat einschneiden.

Das Messer so flach wie möglich halten und das Filet direkt über den Gräten abschneiden. Das zweite Filet ebenso abschneiden.
Den Fisch dann umdrehen und die unteren Filets ebenfalls ablösen. Wollen Sie den Fisch häuten, genauso wie bei Rundfischen verfahren.
Die unteren, hellen Filets sind bei den meisten Plattfischen dünner und haben eine kürzere Garzeit.

Krustentiere vorbereiten

Kleine Krustentiere wie Garnelen und Langoustinen werden auf dieselbe Art vorbereitet.

Den Kopf vom Körper abziehen. Die Schalen mit den Fingern auseinanderbrechen und vom Fleisch lösen.

Je nach Rezept das Schwanzende entfernen. Im Stück gebratene Langoustinen sehen mit Schwanz hübscher aus. Am Rücken einen flachen Einschnitt machen.

Den dunklen, fadenförmigen Darm, der entlang des Rückens verläuft, mit einem spitzen Messer anheben und abziehen. Über die Vorbereitung von Hummer finden Sie auf Seite 127 eine ausführliche Anleitung mit Stepfotos.

Geeignete Zubereitungsarten

Braten

Eine ganz einfache und zugleich köstliche Zubereitungsart – vor allem für Fischfilets. Die Filets werden leicht mit Mehl bestäubt und in heißer Butter, heißem Öl oder einer Mischung aus beiden gebraten. Eine Mischung aus Butter und Öl ist deshalb sinnvoll, weil die Butter im Öl stärker erhitzt werden kann ohne dabei zu verbrennen.

Garen im Aromadampf

Über dem Aromadampf sind Fische und Krustentiere noch schneller gar und werden besonders schonend zubereitet. Sie brauchen dafür einen Topf mit Siebeinsatz. Die Flüssigkeit kommt in den Topf und wird mit Kräutern und Gewürzen pikant abgeschmeckt.

Den Fisch dann in den Siebeinsatz geben und über dem heißen, aromatischen Dampf garen. Diese Methode ist für Fischfilets und ganze Fische, aber auch für Muscheln oder Krustentiere sehr gut geeignet. Bevor Sie beispielsweise Fischfilets über dem Aromadampf garen, können Sie sie in Gemüseblätter (zum Beispiel Spinat, Romanasalat oder Kopfsalat), Nudelteigblätter oder auch Reispapier einwickeln.

Grillen

Wenn Sie Fisch im Backofen grillen, also bei reiner Oberhitze zubereiten und die Haut mitessen möchten, sollten Sie ihn vorher schuppen. Eine andere Möglichkeit: den Fisch nicht schuppen, sondern nur kräftig würzen, mit Öl einstreichen und ganz ohne Flüssigkeit garen. Die Haut können Sie dann zwar nicht mitessen, sie bewahrt das Fischaroma jedoch besonders gut.

Pochieren

Der Fisch wird in einer leicht säuerlichen Flüssigkeit mit kleingeschnittenem Wurzelgemüse knapp unter dem Siedepunkt gegart. Das heißt, die Flüssigkeit darf nicht kochen, sondern immer nur leise sieden. Für diese Garmethode, die sich vor allem für ganze Fische eignet, ist ein spezieller Fischkochtopf mit Siebeinsatz von Vorteil.

Mein Küchenwissen

Grundrezepte, die Sie immer wieder brauchen

Fischfond

Er wird für fast alle Saucen benötigt und ist auch ganz leicht und schnell zuzubereiten. Wenn Sie also einen ganzen Fisch kaufen und zubereiten, sollten Sie aus dem Kopf und der Gräte möglichst einen Fond kochen.

	Für etwa 650 ml Fond:
	die Gräten und die Haut von
1	*Fisch*
1	*Fischkopf*
1/4	*Zwiebel*
1	*Knoblauchzehe*
20 g	*Möhren*
20 g	*Petersilienwurzeln*
20 g	*Lauch*
20 g	*Staudensellerie*
1	*Tomate*
20 ml	*Olivenöl*
	Salz
	einige schwarze Pfefferkörner
1	*kleines Lorbeerblatt*
1	*Thymianzweig*
100 ml	*trockener Weißwein*
1/2 l	*kaltes Wasser*

1. Von der Fischhaut sämtliche Flossen wegschneiden. Aus dem Fischkopf die Kiemen herauslösen. Dazu mit dem Zeigefinger hinter die Kiemen greifen und sie herausziehen. Vorsichtig ziehen, die Kiemen sind scharf! Sie können auch Ihren Fischhändler bitten, diese vorbereitenden Arbeiten für Sie zu erledigen.

2. Den Kopf und die Gräten gründlich kalt abspülen und dabei von allen Blutresten säubern.

3. Die Zwiebel und die Knoblauchzehe schälen und kleinschneiden. Das Gemüse ebenfalls schälen oder putzen und waschen. Dann klein würfeln.

4. Das Olivenöl in einem Topf erhitzen. Die Zwiebel, den Knoblauch und das Gemüse darin unter Rühren bei mittlerer Hitze etwa 2 Minuten anschwitzen.

5. Den Fischkopf und die Gräten sowie die Gewürze und die Kräuter hinzufügen. Den Weißwein und das Wasser dazugießen.

6. Alles einmal aufkochen lassen. Sobald sich Schaum bildet, diese Eiweißschicht mit einem Schaumlöffel abnehmen.

7. Den Fond bei schwacher bis mittlerer Hitze etwa 15 Minuten leise köcheln lassen. Vom Herd nehmen und weitere 15 Minuten ziehen lassen.

8. Den Fischfond langsam durch ein Haarsieb passieren.

Meine Tips:

Fischfonds dürfen nicht zu lange bei Zimmertemperatur stehenbleiben, da sie schnell sauer werden. Deshalb nach dem Abkühlen immer im Kühlschrank aufbewahren.
Sie können auch eine größere Menge Fond zubereiten und später portionsweise einfrieren. Fonds von fettreicheren Fischen, wie zum Beispiel sämtlichen Brassen, nur mit etwa der Hälfte der Flüssigkeit zubereiten und nur jeweils 10 Minuten kochen und ziehen lassen.
Manche fettreiche Fische wie Lachs und St.-Peters-Fisch sind nicht gut für die Zubereitung eines Fonds geeignet, da der Fond leicht tranig schmeckt.

Gemüsefond

Sollten Sie mal nicht den richtigen Fisch für einen Fond bekommen, nehmen Sie einfach Gemüsefond: Er ist besser als ein schlechter Fischfond.

	Für etwa 600 ml Fond:
1–2	*Schalotten (40 g)*
1	*Knoblauchzehe*
200–250 g	*Tomaten*
40 g	*Möhren*
30 g	*Petersilienwurzeln*
50 g	*Lauch*
100 g	*Fenchel*
50 g	*Staudensellerie*
40 g	*Petersilienstengel*
40 ml	*Pflanzenöl*
	Salz
	frisch gemahlener schwarzer Pfeffer
1	*Thymianzweig*
1 1/2 l	*Wasser*

1. Die Schalotten und den Knoblauch schälen und kleinschneiden. Die Tomaten waschen und in kleine Stücke schneiden. Die Möhren und die Petersilienwurzeln schälen und würfeln. Den Lauch, den Fenchel und den Sellerie putzen, waschen und ebenfalls fein zerkleinern. Die Petersilienstengel kalt abspülen und abtropfen lassen.

2. Das Öl in einem Topf erhitzen. Das Gemüse außer den Tomaten hinzufügen und bei mittlerer Hitze unter Rühren etwa 2 Minuten anschwitzen. Dann mit Salz und Pfeffer würzen.

3. Die Tomaten dazugeben, die Petersilienstengel und den Thymianzweig einlegen. Das Gemüse mit dem Wasser auffüllen und bei mittlerer bis schwacher Hitze etwa 45 Minuten kochen lassen.

4. Anschließend etwa 45 Minuten abkühlen und ziehen lassen. Dann passieren.

Mein Tip:

In eine Flasche gefüllt und gut verschlossen, können Sie den Gemüsefond im Kühlschrank etwa 1 Woche lang aufbewahren.

Kalte und lauwarme Vorspeisen

Den Appetit anregen und auf das Menü einstimmen – das soll eine feine und leichte Vorspeise, ob kalt oder lauwarm serviert.
Verwöhnen Sie sich und Ihre Gäste mit den köstlichen Vorspeisen in diesem Kapitel, wie zum Beispiel Marinierter Saibling mit grünem Spargel, Auberginenragout mit marinierten Muscheln oder Mit Seezunge gefüllte Kartoffelplätzchen auf Freilandsalaten.

Marinierter Saibling mit grünem Spargel

Wildfang-Saibling schmeckt feiner als Zucht-Saibling, ist allerdings etwas trockener.

Für 4 Personen:	
Für den Saibling:	
1	kleines Bund Dill
1	kleines Bund Petersilie
1 Teel.	schwarze Pfefferkörner
1 Teel.	Senfkörner
1 Teel.	Korianderkörner
	Salz
1 Teel.	Zucker
1	Saibling von etwa 400 g
500 g	grüner Spargel
Für die Gemüsesauce:	
40 g	Frühlingszwiebeln
40 g	Möhren
40 g	Champignons
80 g	Spargelstiele (Bruchstücke)
20 g	Butter
20 ml	trockener Weißwein
60 ml	Gemüsefond (Rezept Seite 15)
60 ml	Wasser
	Salz
	frisch gemahlener schwarzer Pfeffer
1	kleines Bund Schnittlauch
20 ml	Weißweinessig
40 ml	Sonnenblumen- oder Distelöl
Arbeitsaufwand:	
	etwa 1 Stunde
Marinierzeit:	
	etwa 12 Stunden
Garzeit:	
	etwa 15 Minuten

1. Für die Marinade den Dill und die Petersilie waschen und gründlich trockenschwenken. Die Blättchen beziehungsweise die Spitzen von den Stielen zupfen und fein hacken. Die Pfeffer-, die Senf- und die Korianderkörner in den Mörser geben und zerstoßen oder auf ein Holzbrett legen und mit dem Rücken eines breiten Messers zerdrücken.

2. Die Kräuter und die Gewürzkörner mit 3 Teelöffeln Salz und dem Zucker vermischen.

3. Den Saibling filetieren und von den Gräten befreien (siehe Seite 10).

4. Die Filets mit der Hautseite nach unten auf ein Blech legen und mit der Marinade überziehen. Den Saibling etwa 12 Stunden kühl stellen.

5. Den Spargel waschen. Die holzigen Enden großzügig entfernen.

6. Reichlich Wasser mit 1 kräftigen Prise Salz zum Kochen bringen. Die Spargelstangen darin in etwa 8 Minuten bißfest kochen. Den Spargel dann in Eiswasser abschrecken und auf einem Küchentuch abtropfen lassen.

7. Für die Gemüsesauce die Frühlingszwiebeln, die Möhren, die Champignons und den Spargel putzen oder schälen und in feine Würfel schneiden.

8. Die Butter in einem weiten Topf aufschäumen lassen. Das Gemüse hinzufügen und kurz anschwitzen. Den Weißwein, den Gemüsefond und das Wasser angießen und bei schwacher Hitze unter gelegentlichem Rühren auf etwa die Hälfte einkochen lassen. Die Sauce dann mit Salz und Pfeffer abschmecken und abkühlen lassen.

9. Den Schnittlauch waschen, trockenschwenken und fein schneiden. Zuerst den Essig, dann das Öl unter die Gemüsesauce mischen, den Schnittlauch untermengen.

10. Die Spargelstangen auf Tellern anrichten, mit der Sauce garnieren. Die Saiblingfilets in dünnen Scheiben schräg von der Haut schneiden und daneben anrichten.

Meine Tips:

Dazu paßt am besten ein Weißburgunder Kabinett/Baden von Graf und Marquis von Hoensbroech.
Wildfang-Saibling kommt nur in sauberen Gewässern, vorwiegend in Alpenseen vor. Saiblinge sind länglich mit graubrauner Haut mit gelben Tupfen. Ihr Aussehen ist je nach Art und Herkunft unterschiedlich. Kaufen können Sie Saiblinge von März bis September. Statt grünem Spargel können Sie auch weißen verwenden, den Sie allerdings gründlich schälen müssen. Oder Sie verwenden verschiedene Frühlingsgemüse.

Zanderterrine im Speckmantel

Diese Terrine bereiten Sie am besten schon am Vortag zu, da sie mindestens 12 Stunden ruhen muß.

Für 4 Personen:	
1	Terrinenform von 25 cm Länge, 6 cm Breite und 8 cm Höhe
1	Zander von etwa 750 g
4	große Lauchblätter
	Salz
100 g	Romanesco (ersatzweise Broccoli)
250 g	roh geräucherter Bauchspeck, in Scheiben von 15 cm Länge und 2 mm Dicke geschnitten
150 g	mittelgroße Austernpilze
10 ml	Pflanzenöl
30 g	gemahlene Gelatine oder
5	Blatt weiße Gelatine (bei Verwendung von Blattgelatine diese in Wasser einweichen)
	frisch gemahlener schwarzer Pfeffer
10 ml	Pernod
1/4 l	Fischfond (Rezept Seite 14; am besten vom Zander)
Arbeitsaufwand:	
	etwa 1 1/4 Stunden
Garzeit:	
	etwa 1 Stunde 10 Minuten
Ruhezeit:	
	etwa 12 Stunden

1. Den Zander filetieren, von den Gräten und der Haut befreien (siehe Seite 10).

2. Die Lauchblätter in eine Größe von 25 cm Länge und 6–8 cm Breite schneiden. Die Blätter in reichlich kochendem Salzwasser etwa 1 Minute blanchieren, bis sie sich biegen lassen, dann kalt abschrecken und auf einem Küchentuch abtropfen lassen.

3. Den Romanesco in die einzelnen Röschen teilen und waschen. Die Röschen in reichlich kochendem Salzwasser etwa 3 Minuten blanchieren. Dann in Eiswasser abschrecken und auf einem Küchentuch abtropfen lassen.

4. Vom Speck die Schwarte entfernen. Die Terrinenform so mit den Speckscheiben auslegen, daß sie an den Rändern jeweils etwa 4 cm über den Rand stehen. Sie werden später über der Masse zusammengeschlagen.

5. Jede Seite und den Boden der Terrinenform mit je 1 Lauchblatt auskleiden.

6. Die Austernpilze voneinander trennen und die groben Stiele entfernen. Das Öl in einer Pfanne erhitzen und die Pilze darin bei mittlerer Hitze von beiden Seiten leicht anbraten. Die Hälfte der Pilze in die Terrinenform legen. Etwas Gelatinepulver darüber streuen oder 1 Blatt eingeweichte Gelatine darauf legen.

7. 1 Zanderfilet mit Salz und Pfeffer würzen, auf die Pilze legen und ebenfalls mit etwas Gelatinepulver oder 1 Gelatineblatt bedecken. Den Romanesco daraufgeben, mit Salz und Pfeffer würzen und wieder mit Gelatinepulver oder -blatt belegen. Dann das zweite Zanderfilet und die übrigen Pilze ebenfalls jeweils würzen und mit Gelatine in die Form geben.

8. Den Pernod mit dem Fischfond verrühren und in die Form über die Zutaten gießen. Das übrige Lauchblatt über die eingeschichteten Zutaten legen. Die Speckstreifen nach innen klappen.

9. Die Terrine in den Backofen (Mitte) stellen und bei 80° etwa 1 Stunde 10 Minuten garen.

10. Mit einer Nadel die Garprobe machen: In die Mitte der Terrine stechen und die Nadel einige Sekunden darin stecken lassen. Ist die Nadel beim Herausziehen gut warm, ist die Terrine fertig.

11. Die Terrine mindestens 12 Stunden ruhen lassen. Dazu am besten an einen kühlen Ort, aber nicht in den Kühlschrank stellen.

12. Die Terrinenform in heißes Wasser tauchen, die Terrine vorsichtig auf ein Brett stürzen. Die Terrine mit einem scharfen Messer in Scheiben schneiden und auf Tellern anrichten.

Meine Tips:

Dazu paßt am besten ein Riesling oder Silvaner/Franken von Robert Schmidt. Als Beilage zur Terrine eignen sich gut ein Salat aus Frisée und Brunnenkresse und eventuell lauwarme Kartoffelchips. Statt Lauch können Sie zum Auslegen der Terrinenform auch blanchierte Kohl- oder Mangoldblätter verwenden.

Säuerlich marinierte Renken im Gemüsegelee

Ein herrliches Gericht für heiße Sommertage. Renken werden häufig unter der Bezeichnung Felchen angeboten.

	Für 4 Personen:
2	*Renken von je etwa 250 g*
2 Eßl.	*grobes Salz*
1/2 l	*Wasser*
etwa 12	*Dillkronen*
	Für das Gelee:
40 g	*Lauch*
40 g	*Möhren*
40 g	*Zwiebeln*
40 g	*Knollensellerie*
40 g	*Champignons*
2	*Knoblauchzehen*
300 ml	*Wasser*
200 ml	*trockener Weißwein*
60 ml	*Weißweinessig*
	Salz
	frisch gemahlener schwarzer Pfeffer
4	*Blatt weiße Gelatine*
	Arbeitsaufwand:
	etwa 1 Stunde
	Marinierzeit:
	etwa 24 Stunden
	Garzeit:
	etwa 20 Minuten
	Kühlzeit:
	etwa 6 Stunden

1. Die Renken filetieren und von den Gräten befreien (siehe Seite 10). Das Salz mit dem Wasser verrühren. Die Renkenfilets damit übergießen und etwa 24 Stunden in den Kühlschrank stellen.

2. Dann für das Gelee den Lauch, die Möhren, die Zwiebeln, den Sellerie, die Pilze und den Knoblauch putzen beziehungsweise schälen und in dünne Scheiben oder Würfel schneiden.

3. Das Wasser mit dem Weißwein und dem Essig in einem Topf zum Kochen bringen. Das Gemüse hinzufügen, mit Salz und Pfeffer würzen und etwa 15 Minuten bei mittlerer Hitze zugedeckt köcheln lassen.

4. Inzwischen die Gelatine in kaltem Wasser einweichen.

5. Die Gelatine ausdrücken, unter den Gemüsesud mischen und unter Rühren darin auflösen. Den Sud vom Herd nehmen.

6. Die Renkenfilets aus dem Salzwasser nehmen und trockentupfen. Dann leicht schräg in Stücke schneiden und in eine rechteckige Glasform geben, in der Sie die Filets später auch servieren können. Oder Sie nehmen gleich die tiefen Servierteller. Die Filets mit den Dillspitzen und -blüten bestreuen.

7. Das Gemüsegelee gut handwarm (etwa 45°) abkühlen lassen, dann über die Renkenfilets gießen.

8. Das Gericht etwa 6 Stunden im Kühlschrank erstarren lassen.

Meine Tips:

Dazu schmeckt am besten Grüner Veltliner/Wachau von Sepp Moser.
Renken kommen aus Alpenseen und aus Seen in Nordeuropa. Hauptsaison ist März bis September, es schwankt aber je nach Herkunft. Renken sind silbrig glänzende, schlanke Fische mit einem kleinen Kopf und dichten kleinen Schuppen.
Wenn Sie dieses Gericht einmal nicht als Vorspeise, sondern beispielsweise als kleines Abendessen servieren möchten, schmecken Bratkartoffeln sehr gut dazu.
Statt Renken schmecken auch frische Heringe sehr gut in dem Gemüsegelee. Das Gemüsegelee in diesem Fall vor dem Übergießen noch etwas mehr abkühlen lassen.

Fenchelmus mit rohem Thunfisch

Mir persönlich schmeckt Thunfisch roh am besten!

Für 4 Personen:	
Für das Fenchelmus:	
400 g	Fenchel
1/2	Schalotte
15 g	Butter
	Salz
	frisch gemahlener schwarzer Pfeffer
50 ml	Wasser
50 ml	trockener Weißwein
3 Blatt	weiße Gelatine
2	Eiweiß
80 g	Crème fraîche
10 ml	Pernod
Für die Marinade:	
20 ml	trockener Weißwein
10 ml	Zitronensaft
	Salz
	frisch gemahlener schwarzer Pfeffer
40 ml	Olivenöl
Außerdem:	
2	große Tomaten
je 1 Teel.	Aceto balsamico und Olivenöl
	Salz
	frisch gemahlener schwarzer Pfeffer
200 g	roher roter Thunfisch
Arbeitsaufwand:	
	etwa 1 1/4 Stunden
Garzeit:	
	etwa 15 Minuten
Kühlzeit:	
	etwa 2 Stunden

1. Den Fenchel putzen, waschen und in kleine Würfel schneiden, dabei den Strunk entfernen. Das zarte Fenchelgrün beiseite legen. Die Schalotte fein schneiden.

2. Die Butter in einem Topf aufschäumen. Den Fenchel und die Schalotte darin anschwitzen, mit Salz und Pfeffer würzen. Das Wasser und den Wein dazugießen und den Fenchel zugedeckt bei mittlerer Hitze unter gelegentlichem Rühren garen, bis die Flüssigkeit verdampft ist.

3. Inzwischen die Gelatine in kaltem Wasser einweichen. Die Eiweiße zu steifem Schnee schlagen.

4. Die Gelatine ausdrücken und zum warmen Fenchel geben. Die Masse mit dem Pürierstab pürieren und durch ein Haarsieb streichen.

5. Die Crème fraîche, das Fenchelgrün und den Pernod untermischen und die Masse mit Salz und Pfeffer würzen. Das Fenchelmus lauwarm abkühlen lassen, dann den Eischnee vorsichtig unterheben.

6. Die Fenchelmasse in eine flache Form füllen und im Kühlschrank in etwa 2 Stunden fest werden lassen.

7. Dann für die Marinade alle Zutaten gründlich mischen.

8. Die Tomaten mit kochendem Wasser überbrühen, kurz darin ziehen lassen, kalt abschrecken und häuten. Die Tomaten in feine Streifen schneiden. Mit dem Aceto balsamico und dem Öl mischen und mit Salz und Pfeffer würzen.

9. Teller zum Servieren bereit stellen. Jeweils eine Hälfte der Teller mit Marinade bepinseln. Den Thunfisch mit einem scharfen Messer mit dünner Klinge in feine Scheiben schneiden und auf der Marinade anrichten. Noch einmal mit Marinade bepinseln.

10. Von dem Fenchelmus mit einem in warmes Wasser getauchten Löffel Nocken abstechen und neben dem Thunfisch anrichten. Mit den Tomatenstreifen garnieren. Die Vorspeise sofort servieren.

Meine Tips:

Dazu schmeckt am besten ein Ribolla/Friaul von Abbazia di Rosazo.
Thunfisch kommt aus dem Atlantik und aus dem Mittelmeer. Hauptsaison ist von April bis September. Der rote Thunfisch ist ein kräftiger Fisch von blaugrauer Farbe, der bis zu 3 m lang werden kann. Die ideale Größe liegt aber zwischen 1 und 2 m.
Der weiße Thunfisch wird nur etwa 1 m lang und hat sehr lange Brustflossen.
Außer den Tomatenstreifen passen als Garnitur noch Salatblätter wie zum Beispiel Portulak oder Rauke/Rucola. Statt Thunfisch können Sie auch Bonito oder rohe Jakobsmuscheln nehmen.

Roh marinierte Sardinen mit Gemüse

Ein schönes Sommergericht für Sardinenliebhaber.

Für 4 Personen:	
16	*Sardinen von je etwa 30 g*
Für die Marinade:	
1	*kleines Bund Petersilie*
2	*Knoblauchzehen*
20	*grüne Pfefferkörner (aus dem Glas, in Salzlake eingelegt)*
5 ml	*Olivenöl*
	Saft von
	1 Zitrone
60 ml	*trockener Weißwein*
10 ml	*Weißweinessig*
	Salz
	frisch gemahlener Piment
Für das Gemüse:	
2	*junge Zucchini*
1	*mittelgroße Aubergine*
2	*mittelgroße mehlig-festkochende Kartoffeln*
2	*Tomaten*
80 ml	*Olivenöl*
	Salz
	frisch gemahlener schwarzer Pfeffer
12	*Basilikumblätter*
20 ml	*Aceto balsamico*
Arbeitsaufwand:	
	etwa 1 Stunde
Marnierzeit:	
	etwa 24 Stunden
Garzeit:	
	etwa 4 Minuten

Sardinen, 13–16 cm lange Fische aus der Heringsfamilie, leben in Schwärmen. Der Name sagt Ihnen etwas über das Alter der Tiere: »Sardinen« heißen die jungen, »Pilchards« werden die älteren und größeren Fische genannt. Ihre Heimat sind Mittelmeer und Atlantik. Bereits in den Anliegerländern werden sie für den Export in Öl oder Salz konserviert.

Sardinen sind hübsche Fische mit silbrig-bläulicher, glänzender Haut. Ihr Fleisch ist fest und relativ fettreich. Deshalb schmecken sie, außer in Marinade eingelegt, auch gegrillt oder ausgebacken sehr gut. Feine Beilage zu gegrillten Sardinen: Aiolli, die bekannte französische Knoblauchmayonnaise.

Inzwischen bekommen Sie Sardinen auch bei uns das ganze Jahr über frisch. Die Nachfrage ist allerdings oft so gering, daß Sie beim Fischhändler vorbestellen sollten.

Statt Sardinen können Sie für diese Vorspeise auch frische Sardellen verwenden. Diese Fische gehören ebenfalls zur Familie der Heringe, sind etwas schlanker und ausgeprägter im Geschmack. Sie kommen frisch, vor allem aber in Gewürztunke eingelegt als »Anchovis« in den Handel.

Als Beilage servieren Sie zu dieser Vorspeise Knoblauch-Croûtons, als Getränk am besten einen Muscadet sur Lie/Loire von Louis Metaireau.

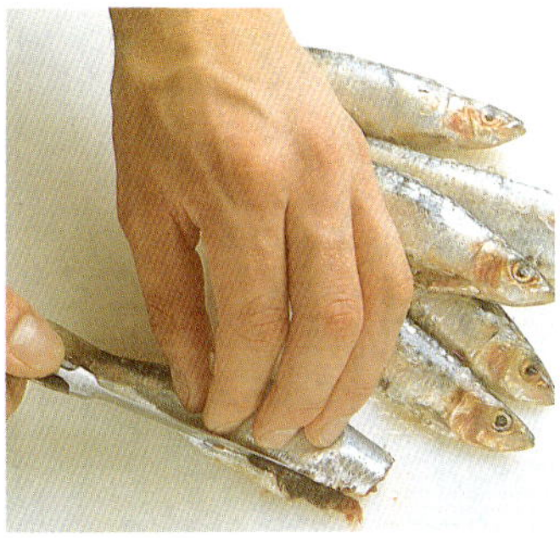

1. Von den Sardinen die Köpfe abschneiden. Die Innereien auslösen und mit den Bauchstreifen abschneiden.

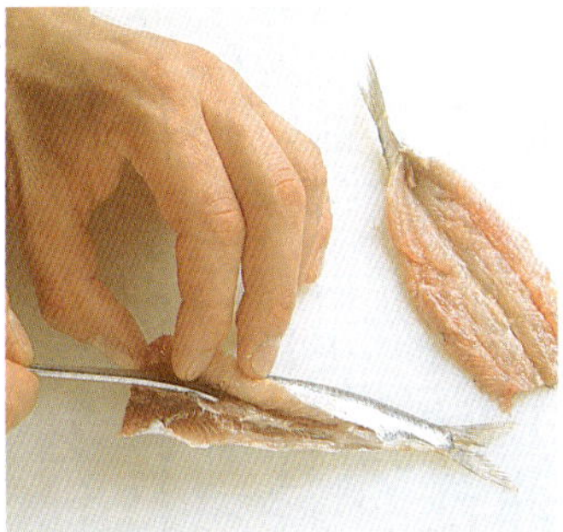

2. Die Sardinen gegebenenfalls schuppen, dann unter fließendem kaltem Wasser abspülen. Die Gräten der Sardinen mit einem Löffelstiel auslösen.

3. Für die Marinade die Petersilie waschen, trockenschwenken und grob zerpflücken. Die Knoblauchzehen schälen. Die Petersilie und den Knoblauch mit den Pfefferkörnern, dem Öl, dem Zitronensaft, dem Weißwein, dem Essig, Salz und Piment in der Küchenmaschine oder im Mixer durchmixen.

4. Die Sardinen nebeneinander auf ein Blech legen und mit der Marinade übergießen. Die Sardinen an einem kühlen Ort mindestens 24 Stunden marinieren.

5. Dann das Gemüse putzen oder schälen und waschen. Die Zucchini, die Aubergine und die Kartoffeln in etwa 1/2 cm dünne Scheiben schneiden. Die Tomaten ebenfalls in Scheiben schneiden.

6. Die Hälfte des Öls in einer großen Pfanne erhitzen. Das Gemüse außer den Tomaten hineingeben, mit Salz und Pfeffer würzen und bei mittlerer Hitze unter gelegentlichem Wenden etwa 4 Minuten braten. Die Tomatenscheiben dazugeben und etwa 1 Minute mitbraten.

7. Die Gemüsescheiben noch in der Pfanne mit Küchenpapier abtupfen.

8. 8 Basilikumblätter waschen, trockentupfen und in Streifen schneiden. Mit dem restlichen Olivenöl und dem Aceto balsamico mischen.

9. Die Gemüsescheiben weitgehend fettfrei auf Tellern anrichten. Die marinierten Sardinen abtropfen lassen und darübergeben. Die Basilikummarinade über die Sardinen träufeln.

10. Das Gericht mit den übrigen Basilikumblättern garnieren und servieren. Dazu schmecken Knoblauch-Croûtons.

Gefüllte Calamare mit Gambas

Die Calamare schmecken auch mit einer Füllung aus Gemüse, Kartoffeln und Kräutern.

Für 4 Personen:	
500 g	*Calamare*
30 g	*Weißbrot*
50 ml	*warmer Gemüsefond (Rezept Seite 15)*
1	*kleine gekochte Kartoffel (50 g)*
40 g	*geschälte Gambas*
40 g	*Fischfilet (zum Beispiel 1 Schollenfilet)*
1	*kleines Bund Petersilie*
30 g	*Sahne*
	Salz
	frisch gemahlener schwarzer Pfeffer
Für das Dressing:	
20	*Rauke-/Rucolablätter*
80 g	*rote Paprikaschote*
40 ml	*Olivenöl*
6	*schwarze Oliven*
5 ml	*Rotweinessig*
5 ml	*Aceto balsamico*
20 ml	*Gemüsefond (Rezept Seite 15)*
	Salz
	frisch gemahlener schwarzer Pfeffer
Arbeitsaufwand:	
	etwa 1 1/4 Stunden
Garzeit:	
	etwa 30 Minuten
Kühlzeit:	
	etwa 1 Stunde

1. Die Calamare putzen: Dazu die Seitenflossen abschneiden und die Haut abziehen. Den Kopf und die Fangarme abschneiden. Das Rückgrat, das wie ein Stück Plastik aussieht, herauslösen. Die Calamare in rechteckige Stücke schneiden. Die Abschnitte und 40 g von den Armen fein würfeln.

2. Das Weißbrot in kleine Würfel schneiden und in dem Gemüsefond einweichen.

3. Die Kartoffel schälen und mit den Gambas und dem Fischfilet ebenfalls in kleine Würfel schneiden. Die Petersilie waschen, trockenschwenken und ohne die groben Stiele sehr fein hacken.

4. Die Calamarewürfel mit dem Weißbrot, der Kartoffel, den Gambas und dem Fischfilet mischen. Die Petersilie und die Sahne untermischen und alles mit Salz und Pfeffer kräftig würzen.

5. Die Calamarestücke auf die Arbeitsfläche legen und die Farce der Länge nach darauf verstreichen. Die Calamarestücke aufrollen und straff in Alufolie wickeln.

6. In einem großen Topf reichlich Wasser erhitzen. Die Päckchen hineinlegen und mit einem Deckel, der kleiner als der Topf sein muß, beschweren. So liegen sie ganz im Wasser. Die Päckchen bei mittlerer Hitze etwa 30 Minuten garen. Das Wasser soll dabei nicht sprudelnd kochen, sondern es sollen immer nur kleine Bläschen aufsteigen.

7. Die Calamareröllchen aus dem Wasser nehmen und etwa 1 Stunde abkühlen lassen. Dabei jedoch nicht in den Kühlschrank stellen.

8. Inzwischen die Rauke-/Rucolablätter waschen und gründlich trockenschleudern. Die Paprikaschote waschen und in kleine Würfel schneiden.

9. Die Hälfte des Olivenöls in einer kleinen Pfanne erhitzen und die Paprikawürfel darin bei mittlerer Hitze unter Rühren etwa 2 Minuten dünsten. Dann aus der Pfanne nehmen und abkühlen lassen.

10. Die Oliven entsteinen und ebenfalls fein würfeln.

11. Das restliche Olivenöl mit dem Rotweinessig und dem Aceto balsamico, dem Gemüsefond, den Paprikawürfeln und den Oliven in ein Schraubglas geben, mit Salz und Pfeffer würzen und alles gründlich durchschütteln.

12. Die Calamareröllchen aus der Folie wickeln und in etwa 1 cm dicke Scheiben schneiden. In der Mitte von Tellern anrichten. Die Rauke rundherum verteilen. Die Calamareröllchen mit dem Dressing garnieren.

Meine Tips:

Als Getränk paßt am besten: Chardonnay/Südtirol von Alois Lageder.
Calamare kommen aus dem Mittelmeer und aus dem Atlantik. Sie sind das ganze Jahr über zu bekommen. Calamare haben einen schlanken, sackartigen Körper mit Fangarmen. Die hellbraun gepunktete Haut wird beim Putzen entfernt. Calamare werden bis 30 cm lang und sollten möglichst nicht mehr als 500 g wiegen.
Die Calamareröllchen schmecken auch warm sehr gut, zum Beispiel mit einer Tomatensauce.

Auberginenragout mit marinierten Muscheln

Auberginen brauchen immer eine raffinierte Zubereitung, damit sie nicht langweilig schmecken.

Für 4 Personen:	
250 g	*Auberginen*
	Salz
	frisch gemahlener schwarzer Pfeffer
1	*kleine Schalotte*
1	*Knoblauchzehe*
90 ml	*Olivenöl*
15	*grüne Pfefferkörner (aus dem Glas, in Salzlake eingelegt)*
20 ml	*Zitronensaft*
4	*große ausgelöste Jakobsmuscheln (etwa 120 g; ersatzweise 40 Bouchotmuscheln)*
10 g	*Butter*
30 g	*Pinienkerne*
8	*große Basilikumblätter*
Arbeitsaufwand:	
	etwa 45 Minuten
Garzeit:	
	etwa 40 Minuten

1. Den Backofen auf 150° vorheizen.

2. Die Auberginen waschen, vom Stielansatz befreien und in etwa 1 cm große Würfel schneiden. Die Würfel mit Salz und Pfeffer würzen. Die Schalotte und die Knoblauchzehe schälen und fein hacken.

3. 50 ml Olivenöl in einem Schmortopf erhitzen. Die Auberginenwürfel darin bei mittlerer Hitze unter Rühren etwa 2 Minuten braten, bis sie leicht gebräunt sind. Die Schalotte und den Knoblauch hinzufügen und alles weitere 3 Minuten garen. Die Auberginen dann zugedeckt im heißen Ofen (Mitte) etwa 30 Minuten schmoren.

4. Den Schmortopf dann einige Zeit schief halten. Das Öl, das sich gesammelt hat, abgießen. Die Auberginen beiseite stellen.

5. Die grünen Pfefferkörner zerdrücken, dann mit dem Zitronensaft und den übrigen 40 ml Olivenöl mit einem Schneebesen gründlich verrühren.

6. Die Jakobsmuscheln mit einem scharfen Messer mit dünner Klinge in hauchdünne Scheiben schneiden. Wenn Sie Bouchotmuscheln nehmen, diese über gewürztem Wasser im Aromadampf zugedeckt kochen, bis sie aufgesprungen sind.

7. Eine Platte oder ein Blech mit der Hälfte der Pfeffermarinade bepinseln und leicht salzen. Die Muscheln darauf geben und mit der restlichen Marinade bepinseln. Die Muscheln 5–10 Minuten ziehen lassen.

8. Inzwischen die Butter in einem kleinen Pfännchen zerlassen. Die Pinienkerne darin bei mittlerer Hitze leicht rösten. Die Hälfte des Basilikums waschen, trockentupfen und in feine Streifen schneiden. Beides unter das Auberginenragout mischen.

9. Das Auberginenragout auf Tellern anrichten. Die Muscheln dekorativ darauf setzen. Mit den übrigen Basilikumblättern garnieren.

Meine Tips:

Als Getränk paßt am besten:
Pinot Grigio/Friaul von Plozner.
Das Auberginenragout können Sie noch mit Tomaten-, Paprika- und Zucchiniwürfeln anreichern.
Statt nur einer Muschelsorte können Sie auch Jakobsmuscheln und Bouchotmuscheln zubereiten und wie auf dem Foto anrichten.

1990
Arneis
KE

Gambas mit süss-saurem Gemüse

Krustentiere harmonieren sehr gut mit asiatischen Gewürzen und Zutaten.

Für 4 Personen:	
1	*Möhre*
120 g	*Blumenkohlröschen*
1/2	*Stange Lauch*
12	*frische Shiitake-Pilze*
2	*Knoblauchzehen*
2	*kleine Zwiebeln*
300 ml	*trockener Weißwein*
400 ml	*Wasser*
40 ml	*Weißweinessig*
1 Teel.	*Salz*
50 g	*Zucker*
	frisch gemahlener schwarzer Pfeffer
1/2 Teel.	*gemahlene Kurkuma*
16	*Gambas von je etwa 60 g*
1/2 Teel.	*Speisestärke*
2 Eßl.	*Sesamsamen*
20 ml	*Sesamöl*
Arbeitsaufwand:	
	etwa 1 1/4 Stunden
Garzeit:	
	etwa 25 Minuten
Kühlzeit:	
	etwa 4 Stunden

1. Das Gemüse, den Knoblauch und die Zwiebeln waschen und putzen oder schälen. Das Gemüse dann in Scheiben oder in Streifen schneiden.

2. Den Wein mit dem Wasser und dem Essig in einen Topf geben. Das Salz, den Zucker, Pfeffer und die Kurkuma hinzufügen und die Flüssigkeit zum Kochen bringen.

3. Die Möhre, den Blumenkohl, den Knoblauch und die Zwiebeln in den Sud geben und zugedeckt bei mittlerer Hitze etwa 10 Minuten garen. Dann den Lauch und die Pilze hinzufügen und alles noch einmal etwa 5 Minuten garen.

4. Von dem Gemüsefond etwa 90% abgießen und beiseite stellen. Das Gemüse in dem übrigen Fond mindestens 4 Stunden ziehen lassen.

5. Von dem beiseite gestellten Fond etwa 300 ml abmessen und in einen Topf füllen. Den Fond bei mittlerer Hitze unter gelegentlichem Rühren auf etwa die Hälfte einkochen lassen.

6. Inzwischen die Gambas aus den Schalen brechen. Den dunklen, fadenförmigen Darm herausziehen. Siehe auch Seite 12/13.

7. Die Speisestärke mit 2 Teelöffeln Wasser gründlich verrühren. Die Mischung unter den eingekochten Gemüsefond rühren und alles noch einmal kurz erhitzen, bis die Sauce leicht gebunden ist.

8. Die Gambas mit den Sesamsamen bestreuen. Das Sesamöl in einer Pfanne erhitzen. Die Gambas darin bei starker Hitze pro Seite etwa 1 Minute braten.

9. Das Gemüse auf Tellern anrichten. Die Gambas dazugeben und alles mit der Gemüsesauce beträufeln.

Meine Tips:

Als Getränk paßt am besten: Gewürztraminer/Elsaß von Trimbach. Das Gemüse können Sie gut auf Salatblättern anrichten.

Lachs-Gurken-Rosetten auf Dillsauce mit Keta-Kaviar

Dieses Gericht ist auch fürs Auge ein Genuß. Statt Keta-Kaviar können Sie auch Forellenkaviar nehmen!

Für 4 Personen:	
1	Salatgurke
160 g	roher Lachs
	Salz
	frisch gemahlener schwarzer
	Pfeffer
100 g	Keta-Kaviar
Für die Marinade:	
20 ml	Zitronensaft
10 ml	trockener Weißwein
40 ml	Sonnenblumen- oder Distelöl
Für die Dillsauce:	
100 g	saure Sahne
20–40 ml	trockener Weißwein
	Salz
	frisch gemahlener schwarzer
	Pfeffer
1 Teel.	Dillspitzen
Arbeitsaufwand:	
	etwa 45 Minuten

1. Die Gurke gründlich waschen und abtrocknen. Die Gurke der Länge nach halbieren, die Kerne mit einem Teelöffel herauskratzen. Die Gurkenhälften dann in Streifen von 20 cm Länge und 2 mm Dicke hobeln. Pro Person brauchen Sie 4 Streifen. Die restliche Gurke anderweitig verwenden.

2. Den Lachs mit einem scharfen Messer mit dünner Klinge in hauchdünne Scheiben schneiden.

3. Für die Marinade den Zitronensaft, den Weißwein und das Öl verrühren.

4. Die Gurkenstreifen mit Salz und Pfeffer würzen und mit der Schale nach oben auf einen Teller legen. Die Lachsscheiben in passender Größe darauf legen.

5. Den Lachs mit Marinade bepinseln. Die Gurkenstreifen mit den Lachsscheiben locker zu Rosetten einrollen.

6. Die saure Sahne mit so viel Weißwein verrühren, bis sie eine dickflüssige Konsistenz hat. Die Sahne mit Salz und Pfeffer abschmecken und die Dillspitzen unterheben.

7. Mit der Dillsauce einen Spiegel auf Teller gießen. Die Lachs-Gurken-Rosetten darauf setzen und mit dem Keta-Kaviar garnieren.

Meine Tips:

Als Getränk paßt am besten:
Sancerre/Loire von Millet.
Keta-Kaviar ist der große gesalzene Rogen vom Lachs. Der Rogen darf weder zerdrückt noch zu klebrig sein. Nach dem Öffnen der Dose oder des Glases sollten Sie den Inhalt sofort verbrauchen.
Statt rohem Lachs können Sie auch gebeizten oder geräucherten verwenden.

Mit Seezunge gefüllte Kartoffelplätzchen auf Freilandsalaten

Diese Plätzchen sind meine kulinarische Antwort auf Kartoffelchips.

Für 4 Personen:	
etwa 3	festkochende, größere Kartoffeln
1	Seezunge von etwa 400 g
1	kleiner Kopfsalat
1	kleiner Burgundersalat
4	Frühlingszwiebeln
	Salz
60 g	Brunnenkresse
1	Handvoll Kerbel
20 ml	Weißweinessig
30 ml	Gemüsefond (Rezept Seite 15)
40 ml	Sonnenblumenöl
	frisch gemahlener schwarzer Pfeffer
100 g	Kokosfett
Arbeitsaufwand:	
	etwa 1 1/4 Stunden
Garzeit:	
	etwa 15 Minuten

1. Die Kartoffeln schälen, waschen und in Scheiben von etwa 5 cm Länge, 3–4 cm Breite und 2 mm Dicke schneiden. Sie brauchen etwa 80 Scheiben.

2. Die Seezunge filetieren und von den Gräten befreien (siehe Seite 12). Die Filets häuten und in etwa 4 cm lange und 1 cm breite Streifen schneiden. Hiervon brauchen Sie etwa 40 Streifen.

3. Die Blattsalate in die einzelnen Blätter teilen, in stehendem kaltem Wasser waschen und gründlich trockenschleudern.

4. Die Frühlingszwiebeln putzen, gründlich waschen und schräg in feine Scheiben schneiden. Die Scheiben etwa 1 Minute in kochendem Salzwasser blanchieren. Dann in Eiswasser abschrecken und auf einem Küchentuch abtropfen lassen.

5. Die Brunnenkresse und den Kerbel verlesen und die Blättchen von den Stielen zupfen.

6. Den Weißweinessig mit dem Gemüsefond und dem Öl in ein Schraubglas füllen, mit Salz und Pfeffer würzen und gut durchschütteln.

7. Jeweils 1 Seezungenstreifen auf 1 Kartoffelscheibe legen, mit einer zweiten Kartoffelscheibe abdecken und gut andrücken. Die Scheiben kleben durch die Kartoffelstärke zusammen.

8. Das Kokosfett in einem Topf erhitzen. Den Backofen auf 150° vorheizen.

9. Die Kartoffelplätzchen im heißen Kokosfett 1–2 Minuten schwimmend ausbacken. Nicht zu viele Plätzchen gleichzeitig ausbacken, sonst kühlt das Fett zu sehr ab.

10. Das Backblech mit einem saugfähigen Tuch bedecken. Die gebackenen Kartoffelplätzchen darauf geben und im Backofen warm halten.

11. Wenn die Kartoffelplätzchen gebacken sind, die Blattsalate und die Frühlingszwiebeln mit dem Dressing mischen.

12. Die Salate auf Tellern anrichten und mit den Kerbel- und Brunnenkresseblättchen garnieren. Die warmen Kartoffelplätzchen darauf setzen.

Meine Tips:

Als Getränk paßt am besten: Pinot blanc/Elsaß von Schlumberger.
Statt Seezunge können Sie auch Scholle oder rohe Gambas verwenden.

Roher Lachs mit marinierten Frühlingszwiebeln

Dieses Gericht ist eine ausgesprochen geschmackvolle, gesunde und leichte Art, Fisch zu essen. Der Fisch muß aber wirklich sehr frisch sein.

Für 4 Personen:	
15	Frühlingszwiebeln
1 Teel.	Korianderkörner
300 ml	Wasser
100 ml	trockener Weißwein
40 ml	Essig
20 g	Zucker
	Salz
	frisch gemahlener schwarzer Pfeffer
1/2 Teel.	gemahlene Kurkuma
60 g	Sojasprossen
20 ml	Zitronensaft
40 ml	Sojaöl
200 g	roher Lachs
20	Korianderblätter
Arbeitsaufwand:	
	etwa 45 Minuten
Garzeit:	
	etwa 20 Minuten
Marinierzeit:	
	etwa 4 Stunden

1. Die Frühlingszwiebeln putzen, gründlich waschen und in etwa 2 cm lange Stücke schneiden. Die Korianderkörner zerstoßen.

2. Für die Marinade das Wasser mit dem Wein, dem Essig, dem Zucker, Salz, Pfeffer, der Kurkuma und dem Koriander in einem Topf zum Kochen bringen. Die Frühlingszwiebeln hinzufügen und zugedeckt bei mittlerer Hitze etwa 15 Minuten köcheln lassen.

3. Die Sojasprossen hinzufügen und einmal aufkochen. Dann vom Herd nehmen und zugedeckt etwa 4 Stunden ziehen lassen.

4. Von der Garflüssigkeit dann 100 ml abmessen und bei mittlerer Hitze unter gelegentlichem Rühren auf etwa 40 ml einkochen lassen.

5. Den reduzierten Zwiebelsud erkalten lassen, dann mit dem Zitronensaft mischen. Das Sojaöl nach und nach unterrühren.

6. Eine Platte mit Salz bestreuen. Den Lachs mit einem scharfen Messer mit dünner Klinge in hauchdünne Scheiben schneiden. Die Scheiben auf der Platte verteilen, mit Salz und Pfeffer würzen und mit der Marinade beträufeln.

7. Die Frühlingszwiebeln und die Sprossen abtropfen lassen und auf Tellern verteilen. Den Lachs darauf oder daneben anrichten und mit den Korianderblättern garnieren.

Meine Tips:

Als Getränk paßt am besten: Soave/Veneto von Anselmi.
Diese Zubereitungsart eignet sich auch sehr gut für sämtliche Arten von gekochten Krustentieren.

Warme Vorspeisen und Suppen

Ein kleines warmes Gericht oder eine dampfende Suppe können auch einmal ein kleiner Imbiß oder Abendessen sein. Oder Sie servieren die verlockenden Gerichte als zweiten Gang in einem festlichen Menü. Wie wäre es zum Beispiel mit Cannelloni mit Jakobsmuscheln auf zwei Saucen, Zucchiniblüten mit Gambas gefüllt oder mit Zandersuppe mit Kraut und Paprika.

Cannelloni mit Jakobsmuscheln auf zwei Saucen

Dies ist eines meiner älteren, sehr beliebten Rezepte. Den Nudelteig brauchen Sie nicht ganz; er gelingt aber in größerer Menge besser.

Für 4 Personen:

Für den Nudelteig:

2	*Eier*
2	*Eigelb*
1 Eßl.	*Olivenöl*
	Salz
250 g	*Mehl*
100 g	*Weizengrieß (Semolina)*

Für die Muscheln:

240 g	*ausgelöste Jakobsmuscheln (mit Schale etwa 1 1/2 kg)*
	Salz
	frisch gemahlener schwarzer Pfeffer
4	*kräftige Schnittlauchhalme*
4	*Tomaten*
2	*Knoblauchzehen*
1	*Schalotte*
	einige Stengel von Basilikum, Estragon und Petersilie
40 ml	*Olivenöl*
200 ml	*Gemüsefond (Rezept Seite 15)*
60 g	*kalte Butter*
8	*Basilikumblätter*

Für den Aromadampf:

1 l	*Wasser*
1	*Lorbeerblatt*
2	*Knoblauchzehen mit Haut, leicht angedrückt*
1 Eßl.	*schwarze Pfefferkörner*
1	*Gewürznelke*
1 Teel.	*Korianderkörner*
1	*Thymianzweig*
1	*Handvoll frische Kräuterstengel*

Arbeitsaufwand:

etwa 1 1/2 Stunden

Ruhezeit:

etwa 1 Stunde

Garzeit:

etwa 30 Minuten

1. Für die Nudeln die Eier mit den Eigelben, dem Olivenöl und 1 kräftigen Prise Salz schaumig schlagen. Das Mehl mit dem Grieß mischen und untermengen. Den Teig durchkneten, bis er glatt und geschmeidig ist. In Folie wickeln und 1 Stunde kühl stellen.

2. Den Nudelteig auf der leicht bemehlten Arbeitsfläche dünn ausrollen. Die Platte in vier Stücke von je 20 cm Länge und 15 cm Breite schneiden. Den übrigen Nudelteig anderweitig verwenden.

3. Die Teigblätter in reichlich sprudelnd kochendem Salzwasser etwa 1 Minute blanchieren, dann in kaltem Wasser abkühlen, auf ein Tuch legen und mit etwas Öl bestreichen.

4. Die Jakobsmuscheln in 3 mm dünne Scheiben schneiden. Die Teigblätter dachziegelartig mit den Scheiben belegen. Die Jakobsmuscheln mit Salz und Pfeffer würzen.

5. Jedes Blatt zusammenrollen und jeweils mit 1 Schnittlauchhalm zusammenbinden.

6. Für die Tomatensauce die Tomaten waschen und in Achtel schneiden. Die Knoblauchzehen und die Schalotte schälen und fein schneiden. Die Kräuterstengel waschen.

7. Das Olivenöl in einem Topf erhitzen. Den Knoblauch, die Schalotte und die Kräuterstengel hinzufügen und kurz anschwitzen. Die Tomaten hinzufügen. Alles mit 100 ml Gemüsefond auffüllen, mit Salz und Pfeffer würzen und bei mittlerer Hitze etwa 15 Minuten leicht köcheln lassen.

8. Inzwischen für die Basilikumsauce den übrigen Gemüsefond in einen Topf füllen und bei mittlerer Hitze auf etwa 60 ml einkochen lassen.

9. Für den Aromadampf in einem Topf mit Dämpfeinsatz das Wasser mit den Kräutern und Gewürzen erhitzen. Die Cannelloni in den Einsatz geben und über dem Aromadampf bei mittlerer Hitze etwa 4 Minuten zugedeckt garen.

10. Die Tomatensauce durch ein Spitzsieb passieren oder pürieren. Wieder in den Topf füllen und erhitzen. 20 g kalte Butter unter die leise köchelnde Sauce schlagen.

11. Die übrigen 40 g Butter und 4 Blätter Basilikum unter den eingekochten Gemüsefond schlagen. Das übrige Basilikum in Streifen schneiden und untermischen.

12. Die Cannelloni in die Mitte von vorgewärmten Tellern setzen. Die Saucen jeweils auf einer Seite dazugeben.

Meine Tips:

Als Getränk paßt am besten: Arneis/Piemont von Ceretto.
Die Cannelloni schmecken auch mit Langoustinenschwänzen oder Kabeljau gefüllt sehr gut.

Langoustinen-Tarte mit Kaviar und Zitronensauce

Zu dieser Vorspeise sollten Sie sich Champagner gönnen!

Für 4 Personen:	
1 kg	*Langoustinen (etwa 16 Stück)*
200 g	*frischer oder tiefgefrorener Blätterteig*
1	*Schalotte*
1	*kleine Möhre*
30 ml	*Pflanzenöl*
	etwas abgeriebene Schale und den Saft von
1/2	*unbehandelten Zitrone*
40 ml	*trockener Weißwein*
20 ml	*weißer Portwein*
150 ml	*Wasser*
	Salz
	frisch gemahlener schwarzer Pfeffer
	Cayennepfeffer
30 g	*kalte Butter*
1	*kleines Glas Kaviar (28 g; zum Beispiel Sevruga-Kaviar)*
Arbeitsaufwand:	
	etwa 1 Stunde
Garzeit:	
	etwa 40 Minuten

1. Die Langoustinen aus den Schalen brechen. Die Köpfe dabei abtrennen. Den fadenförmigen, dunklen Darm entfernen (siehe Seite 12/13). Die Langoustinenschwänze der Länge nach halbieren. 8 Langoustinenköpfe und die Scheren beiseite legen.

2. Den Backofen auf 220° vorheizen.

3. Den Blätterteig gegebenenfalls auftauen lassen (das geht ganz schnell). Dann auf wenig Mehl etwa 3 mm dick ausrollen und zu vier runden Teigstücken von etwa 11 cm Durchmesser ausstechen.

4. Ein Backblech kalt abspülen. Den Blätterteig darauf legen und mit dem Gitter beschweren, damit er beim Backen nicht zu sehr aufgeht. Die Teigstücke im heißen Ofen (Mitte) etwa 9 Minuten backen.

5. Inzwischen die Schalotte schälen und fein hacken. Die Möhre ebenfalls schälen, waschen und kleinschneiden.

6. Das Öl in einem Topf erhitzen. Die Langoustinenköpfe und -scheren darin kurz anbraten. Die Schalotte, die Zitronenschale und die Möhre hinzufügen und bei mittlerer Hitze unter gelegentlichem Wenden etwa 3 Minuten mitgaren.

7. Den Weißwein, den Portwein und das Wasser angießen. Mit Salz, Pfeffer und Cayennepfeffer würzen und bei schwacher Hitze etwa 15 Minuten köcheln lassen. Dann durch ein Haarsieb passieren und bei mittlerer Hitze unter Rühren auf etwa 100 ml einkochen lassen, den Zitronensaft untermischen.

8. Die Blätterteigstücke mit den Langoustinen belegen, leicht mit Salz und Pfeffer würzen. Die Langoustinen unter dem heißen Grill etwa 4 Minuten garen.

9. Inzwischen die Butter in Stücke schneiden und unter die reduzierte Sauce schlagen.

10. Mit der Zitronensauce einen Spiegel auf Teller gießen. Jeweils eine Tarte in die Mitte setzen und mit je 1 Löffel Kaviar garnieren.

Meine Tips:

Als Getränk paßt am besten: Moet et Chandon Jg.
Statt Langoustinen schmecken auch Jakobsmuscheln.
Die Qualitätsstufen beim Kaviar sind: Beluga, Sevruga, Osietra. Der Zusatz »malosol« bedeutet mild gesalzen und ist eigentlich etwas irreführend, denn guter Kaviar ist immer mild gesalzen.

GASTHAUS
GLOCKENBACH

Champignons mit Jakobsmuscheln gefüllt auf Tomatensauce

Sie können auch rohe Tomaten mit den Jakobsmuscheln füllen und aus den Champignons eine Sauce kochen.

[illegible]

[illegible]

1	*Knoblauchzehe*
5	*kleine Spinatblätter*
	Salz
15 g	*Parmesan oder Pecorino, frisch gerieben*
20 g	*Pinienkerne*
5 g	*Petersilienblätter*
20	*Basilikumblätter*
100 ml	*Olivenöl*

[illegible]

20	*Champignons von 4–5 cm Ø*
	Saft von
1/2	*Zitrone*
10	*ausgelöste Jakobsmuscheln von 3–4 cm Ø*
	Salz
	frisch gemahlener schwarzer Pfeffer
1	*Knoblauchzehe*
1	*Schalotte*
80 g	*weiche Butter*
4	*Tomaten oder 200 g geschälte Tomaten aus der Dose mit Saft*
20 ml	*Olivenöl*
200 ml	*Wasser*
100 ml	*Fisch- oder Gemüsefond (Rezepte Seite 14, 15)*
40 ml	*trockener Weißwein*
	einige Basilikumblätter

Arbeitsaufwand:

etwa 1 1/4 Stunden

Garzeit:

etwa 35 Minuten

1. Für den Pesto den Knoblauch schälen. Die Spinatblätter waschen und in kochendem Salzwasser etwa 1 Minute blanchieren. Kalt abschrecken und trockentupfen. Alle Zutaten für den Pesto in der Küchenmaschine zu einer feinen Sauce mixen. Von dem Pesto für die Sauce 4 Teelöffel beiseite stellen.

2. Die Champignons putzen, die Stiele abschneiden. Die Champignons mit einem Gemüseausstecher vorsichtig etwas aushöhlen und mit etwas Zitronensaft beträufeln, damit sie nicht braun werden.

3. In jeden Champignon 1/2 Teelöffel Pesto füllen und verstreichen.

4. Die Jakobsmuscheln mit einem scharfen Messer quer halbieren. Die Hälften in den Champignons verteilen und mit Salz und Pfeffer würzen.

5. Die Champignonstiele fein schneiden. In einem Topf 20 g Butter erhitzen. Die Champignons darin bei mittlerer Hitze etwa 1 Minute braten, dann erkalten lassen und mit der übrigen weichen Butter fein mixen. Die Champignonbutter kalt stellen.

6. Wenn Sie frische Tomaten verwenden, diese häuten, entkernen und klein würfeln.

7. Die Tomatenhäute und die Kerne mit dem Wasser in einen Topf geben und etwa 20 Minuten bei mittlerer Hitze kochen lassen. Dann durchsieben und 100 ml davon abmessen. Wenn Sie Dosentomaten verwenden, brauchen Sie keinen Fond zu kochen, denn die Tomaten liegen in Saft. Die Dosentomaten durch ein Sieb streichen.

8. Den Knoblauch und die Schalotte schälen und fein schneiden.

9. Das Olivenöl in einer flachen, größeren Pfanne erhitzen. Den Knoblauch und die Schalotte darin glasig dünsten. Die Tomaten und den Tomatenfond oder die passierten Dosentomaten, den Fischfond und den Wein dazugeben und mit Salz und Pfeffer abschmecken.

10. Die Champignons in die Sauce setzen und zugedeckt bei mittlerer Hitze 3–4 Minuten garen.

11. Die Champignons aus der Sauce nehmen. Die kalte Champignonbutter unter die Sauce schlagen. Die Sauce noch einmal aufkochen lassen. 4 Blätter Basilikum in Streifen schneiden und mit dem beiseite gestellten Pesto unter die Sauce mischen.

12. Die Champignons mit der Sauce auf vorgewärmten Tellern anrichten und mit Basilikumblättern garnieren.

Meine Tips:

Als Getränk paßt am besten: Chardonnay/Trentino von Pojer und Sandri.
Die Jakobsmuschel, auch Pilgermuschel genannt, hat von September bis April Saison. Sie sollten sie möglichst immer in der Schale kaufen; wie Sie sie auslösen, ist auf Seite 9 ausführlich beschrieben. Bereits ausgelöste Muscheln sind mit Vorsicht zu genießen. Sie dürfen auf keinen Fall streng riechen.

Gratinierte Ofenkartoffeln mit Muscheln gefüllt

Dieses Muschelgericht läßt sich gut vorbereiten.

Für 4 Personen:	
1 kg	*Muscheln*
50 ml	*trockener Weißwein*
50 ml	*Wasser*
20	*Estragonblätter*
2	*mehligkochende Kartoffeln von je etwa 180 g*
	Salz
	frisch gemahlener schwarzer Pfeffer
1	*Knoblauchzehe*
100 g	*Weißbrot, altbacken oder gefroren*
1	*kleines Bund Petersilie*
60 g	*Butter*
	etwas Zitronensaft
Arbeitsaufwand:	
	etwa 1 1/4 Stunden
Garzeit:	
	etwa 55 Minuten

1. Die Muscheln waschen. Geöffnete Muscheln wegwerfen.

2. Den Wein mit dem Wasser und dem Estragon in einem weiten Topf mischen und zum Kochen bringen. Die Muscheln hineingeben und etwa 1 Minute bei starker Hitze zugedeckt kochen lassen, bis sie aufgesprungen sind. Geschlossene Muscheln wegwerfen.

3. Die Kartoffeln waschen, mit Salz und Pfeffer würzen und in Alufolie wickeln. Die Kartoffeln bei 180° 45–50 Minuten in den Backofen geben und backen, bis sie weich sind.

4. Inzwischen die Muscheln aus den Schalen lösen. Den Knoblauch schälen und fein schneiden. Das Weißbrot fein reiben. Die Petersilie waschen und trockenschwenken. Die Blättchen von den Stielen zupfen und fein hacken.

5. Die Butter mit dem Knoblauch und dem Zitronensaft schaumig rühren. Das Weißbrot und die Petersilie untermischen. Die Butter zu einer Rolle formen, in Papier wickeln und in den Kühlschrank stellen.

6. Die gegarten Kartoffeln der Länge nach durchschneiden. Die Hälften mit einem Gemüselöffel etwas aushöhlen.

7. Die Muscheln in die Kartoffelhälften geben. Die gekühlte Butter in Scheiben schneiden und darauf verteilen.

8. Die Kartoffeln auf ein Backblech setzen und unter den heißen Grill schieben. Die Kartoffeln etwa 5 Minuten gratinieren.

9. Die Kartoffeln auf vorgewärmten Tellern servieren. Dazu paßt Friséesalat und eventuell Pesto (Rezept Seite 47).

Meine Tips:

Als Getränk paßt am besten: Terre Alte/Friaul von Livio Felluga. Miesmuscheln haben das ganze Jahr über Saison. Die beste Miesmuschel ist die Bouchot-Muschel. Sie ist klein, meist hängen am Bart mehrere zusammen. Muscheln müssen beim Kauf fest geschlossen und gewaschen sein. Die Schale darf nicht angeschlagen sein.

KE

Zucchiniblüten mit Gambas gefüllt

Jeder Gartenbesitzer sollte Zucchini schon allein wegen der Blüten anbauen.

Für 4 Personen:	
400 g	*Gambas (etwa 12 Stück)*
80 g	*Fischfilet, zum Beispiel Seehecht oder Seelachs*
	Salz
	frisch gemahlener schwarzer Pfeffer
1	*Eiweiß*
60 g	*Sahne*
4	*kleine Zucchini mit Blüten*
20 ml	*Pflanzenöl*
50 g	*Butter*
1	*Tomate*
100 ml	*Fischfond (Rezept Seite 14) oder Gambafond*
	einige Blätter frischer Zitronenthymian
Arbeitsaufwand:	
	etwa 1 1/4 Stunden
Garzeit:	
	etwa 10 Minuten

1. Die Gambas aus den Schalen brechen. Den dunklen, fadenförmigen Darm entfernen (siehe Seite 12/13). Das Gambafleisch in Würfel schneiden. Aus den Schalen und den Köpfen können Sie einen Fond kochen und statt Fischfond verwenden.

2. Das Fischfilet würfeln. Das Fischfilet mit 40 g von den Gambas in die Küchenmaschine geben, mit Salz und Pfeffer würzen und kurz mixen. Das Eiweiß hinzufügen und die Masse weitermixen, bis sie kompakt ist.

3. Die Sahne in drei Portionen dazugeben. Dabei immer weitermixen, damit die Masse gut zusammenhält. Die Farce aus der Küchenmaschine nehmen.

4. Die übrigen Gambawürfel mit Salz und Pfeffer würzen und unter die Farce mischen. In den Kühlschrank stellen.

5. Den Backofen auf 180° vorheizen.

6. Aus den Zucchiniblüten den Blütenstempel entfernen. Die Gambafarce mit einem Spritzbeutel in die Zucchiniblüten füllen. Die Blüten an den Spitzen übereinanderschlagen, damit die Masse nicht ausfließt.

7. Das Pflanzenöl und 10 g Butter in einer Bratpfanne erhitzen. Die gefüllten Zucchini hineinlegen und im heißen Ofen (Mitte) etwa 8 Minuten braten, bis sie leicht gebräunt sind. Dabei immer wieder mit dem Bratfett übergießen.

8. Inzwischen die Tomate waschen und klein würfeln.

9. Den Fisch- oder Gambafond erhitzen. Die übrige kalte Butter in Stücke schneiden und unterschlagen. Die Tomatenwürfel und die Thymianblättchen unter die Sauce mischen.

10. Mit der Sauce einen Spiegel auf vorgewärmte Teller gießen und die Zucchiniblüten darauf anrichten.

Meine Tips:

Als Getränk paßt am besten: Bourgogne Aligoté/Burgund von Domaine Ramonet.
Die bekannteste Art, Zucchiniblüten zuzubereiten, ist das Ausbacken. Dazu werden sie in Bierteig getaucht und in schwimmendem Fett gebacken.
Die gefüllten Zucchini können Sie auch auf einem Risotto zugedeckt garen.

Nudeln mit Botarga, Calamare und Algensprossen

Bei diesem Gericht sollten Sie die Garzeiten sehr exakt einhalten oder im Nudelkochen so geübt sein wie ein Italiener.

Für 4 Personen:	
Für den Nudelteig:	
2	*Eier*
2	*Eigelb*
10 ml	*Olivenöl*
	Salz
250 g	*Mehl*
100 g	*Weizengrieß (Semolina)*
Für die Sauce:	
350 g	*Calamare*
160 g	*Algensprossen*
20 g	*Butter*
	Salz
	frisch gemahlener schwarzer
	Pfeffer
15 g	*Botarga*
Zum Kochen:	
	Salz
10 ml	*Olivenöl*
Arbeitsaufwand:	
	etwa 1 1/4 Stunden
Garzeit:	
	etwa 5 Minuten

Der eingesalzene, gepreßte und an der Luft getrocknete Rogen von Meeräsche oder Thunfisch gilt in einigen Mittelmeerländern als Spezialität. »Botarga« heißt diese Delikatesse in Sardinien und Sizilien, »Boutargue« nennt man sie an der Côte d'Azur. Ebenso begehrt wie Kaviar, wird Botarga auch entsprechend teuer verkauft. Er kommt am Stück oder gerieben auf den Markt. Ich nehme am liebsten Botarga am Stück, in Wachs verschlossen oder vakuumverpackt. Botarga am Stück kann man mit dem Trüffelhobel in hauchfeine Scheibchen hobeln. Zu kaufen gibt es Botarga in Feinkostgeschäften und sehr gut sortierten Fischgeschäften.

Frische Algen kommen hauptsächlich aus der Bretagne zu uns. Angeboten werden sie in Feinkostgeschäften und auf guten Märkten, wie zum Beispiel dem Viktualienmarkt in München, meist in den Monaten Juni, Juli und August. Wenn Sie keine Algensprossen bekommen, nehmen Sie kleine Zuckerschoten, Erbsen oder frische Dicke Bohnen. Auch gekochte schwarze Linsen schmecken ausgezeichnet.
Den Nudelteig können Sie auch mit Tintenfischtinte färben. Das sieht raffiniert aus und gibt zusätzlich einen interessanten Geschmack. Sie brauchen dafür eine Packung von 4 g Sepia-Tinte, die Sie unter den Teig mischen.
Als Getränk paßt am besten:
Capannelle Chardonnay/Toskana von Capannelle.

1. Für die Nudeln die Eier mit den Eigelben, dem Olivenöl und 1 kräftigen Prise Salz schaumig schlagen. Das Mehl mit dem Grieß mischen und untermengen. Den Teig auf der leicht bemehlten Arbeitsfläche durchkneten, bis er glatt und geschmeidig ist. In Folie wickeln und 1 Stunde kühl stellen.

2. Den Teig noch einmal durchkneten, dann in der Nudelmaschine bis zur dünnsten Walzeneinstellung ausrollen und zu Bandnudeln schneiden.

3. Von den Calamare gegebenenfalls die bräunliche, gefleckte Haut abziehen. Die Calamare gründlich unter fließendem Wasser abspülen.

4. Die Calamare in 3–4 cm lange Streifen schneiden.

5. Für die Algensprossen reichlich Wasser zum Kochen bringen. Die Algensprossen darin etwa 1 Minute blanchieren. Das Wasser dazu nicht salzen, da die Algen selbst salzig sind. Die Algen in Eiswasser abschrecken und gut abtropfen lassen.

6. Für die Nudeln reichlich Wasser mit Salz zum Kochen bringen. Die Nudeln und das Olivenöl hineingeben und die Nudeln in 1–2 Minuten »al dente« kochen. Dann in einem Sieb gut abtropfen lassen.

7. Die Butter in einer Pfanne erhitzen. Die Calamarestreifen hinzufügen, mit Salz und Pfeffer würzen und einige Sekunden unter Rühren bei starker Hitze anschwenken.

8. Die Nudeln und die Algensprossen hinzufügen und alles gut durchmischen und heiß werden lassen.

9. Die Nudeln auf vorgewärmten Tellern anrichten und den Botarga hauchfein darüber hobeln. Wenn er bröselig ist, den Botarga darüber streuen.

10. Das Gericht sofort servieren.

Sautiertes vom Oktopus mit Gemüse

In dieser Kombination kommt der Oktopus geschmacklich besonders gut zur Geltung.

Für 4 Personen:	
Für den Aromadampf:	
1 l	*Wasser*
1	*Lorbeerblatt*
2	*Knoblauchzehen mit Haut, leicht angedrückt*
1 Eßl.	*schwarze Pfefferkörner*
1	*Gewürznelke*
1 Teel.	*Korianderkörner*
1	*Thymianzweig*
1	*Handvoll frische Kräuterstengel*
Außerdem:	
200 g	*Oktopus*
200 g	*kleine mehlig-festkochende Kartoffeln*
40 g	*Puy-Linsen*
	Salz
4	*Frühlingszwiebeln*
1	*Knoblauchzehe*
	frisch gemahlener schwarzer Pfeffer
20 ml	*Olivenöl*
40 g	*Butter*
	einige Blätter frischer Zitronenthymian
Arbeitsaufwand:	
	etwa 1 Stunde
Garzeit:	
	etwa 1 Stunde 10 Minuten

1. Für den Aromadampf das Wasser mit dem Lorbeerblatt, den Knoblauchzehen, den Gewürzen und den Kräutern in einem Topf mit Dämpfeinsatz mischen.

2. Den Oktopus waschen und putzen, dann in den Gittereinsatz legen und über dem heißen Dampf zugedeckt 45–60 Minuten garen, bis er weich ist. Dann abkühlen lassen und in Scheiben schneiden.

3. Während der Oktopus gart, die Kartoffeln waschen und in wenig Wasser zugedeckt bei mittlerer Hitze weich dämpfen. Die Kartoffeln schälen und vierteln oder in Scheiben schneiden.

4. Die Linsen getrennt in einem Topf mit etwa 100 ml Wasser und Salz bei mittlerer Hitze zugedeckt weich kochen.

5. Die Frühlingszwiebeln waschen, putzen und in Scheiben schneiden. Den Knoblauch schälen, fein schneiden, mit etwas Salz bestreuen und mit der Klinge eines breiten Messers zerdrücken. Mit Pfeffer würzen.

6. Wenn alle Zutaten gegart beziehungsweise vorbereitet sind, das Olivenöl mit der Butter in einer breiten Pfanne erhitzen, bis die Butter schäumt. Die Kartoffeln und die Frühlingszwiebeln zugeben und etwa 1 Minute bei starker Hitze darin garen. Dabei die Pfanne immer wieder schwenken. Den Oktopus, die Linsen und den gewürzten Knoblauch hinzufügen und alles noch einmal etwa 2 Minuten garen. Dabei die Pfanne schwenken oder die Zutaten mit einem Pfannenwender mischen.

7. Das Gericht mit Salz und Pfeffer abschmecken, mit dem Zitronenthymian mischen und auf vorgewärmten Tellern servieren.

Meine Tips:

Als Getränk schmeckt am besten: Riesling/Rheingau von August Kessler. Oktopus gibt es das ganze Jahr über zu kaufen. Die ideale Größe liegt zwischen 1 und 2 kg. Für dieses Gericht sollten Sie ein Stück vom Arm eines größeren Oktopus kaufen. Das ist besser geeignet als eine kleine Krake. Statt Kartoffeln und Linsen können Sie für dieses Gericht auch Gemüse aus Mittelmeerländern nehmen.

K.E

Griessnocken mit Gambas und Champignonragout

Statt Champignons schmecken auch Steinpilze und statt Grießnocken gebräunte Polentascheiben. Und: Die Gambas lassen sich durch Flußkrebse ersetzen.

Für 4 Personen:	
80 g	Butter
1 Ei	(etwa 40 g)
80 g	Weizengrieß (nach Möglichkeit Nockerlgrieß)
16	Gambas in der Schale
	Salz
	frisch gemahlener schwarzer Pfeffer
160 g	Champignons
1	Schalotte
80 ml	Portwein
150 ml	Gemüsefond (Rezept Seite 15)
1	Bund Schnittlauch
30 ml	Pflanzenöl
Arbeitsaufwand:	
	etwa 1 Stunde
Garzeit:	
	etwa 30 Minuten

1. 40 g Butter schaumig rühren. Mit Salz und Pfeffer würzen. Das Ei gründlich unterrühren, dann den Grieß untermischen und kurz ruhen lassen.

2. Inzwischen die Gambas mit der Schale längs an der Bauchseite aufschneiden, aber am dünnen Ende nicht durchtrennen. Den dunklen, fadenförmigen Darm herausnehmen. Siehe auch Seite 12/13.

3. 1 l Wasser mit Salz und Pfeffer zum Kochen bringen. Aus dem Grießteig 8 Nocken formen und in das kochende Wasser geben. Die Nocken bei mittlerer Hitze etwa 12 Minuten zugedeckt leise köcheln lassen. Dann etwa 300 ml kaltes Wasser dazugeben und die Nocken zugedeckt weitere 6 Minuten ziehen lassen.

4. Inzwischen die Champignons putzen und vierteln. Die Schalotte schälen und fein schneiden.

5. Die übrige Butter in einem Topf erhitzen. Die Schalotte darin glasig dünsten. Die Champignons hinzufügen und kurz anschwitzen, mit Salz und Pfeffer würzen. Den Portwein und den Gemüsefond angießen und bei mittlerer Hitze unter gelegentlichem Rühren auf etwa die Hälfte einkochen lassen.

6. Den Schnittlauch waschen, trockentupfen und in 1–1 1/2 cm lange Stücke schneiden.

7. Das Öl in einer Pfanne erhitzen. Die Gambas darin bei mittlerer Hitze zugedeckt etwa 4 Minuten braten. Dabei nach der Hälfte der Zeit wenden.

8. Das leicht angedickte Champignonragout auf vorgewärmten Tellern anrichten. Die Grießnocken abtropfen lassen und in die Mitte setzen. Die Gambas rundherum anrichten. Mit dem Schnittlauch bestreut servieren.

Mein Tip:

Als Getränk schmeckt am besten: Sauvignon/Friaul von Bordo Magredo.

Garnelen mit Basmatireis im Reisblatt gebraten

Basmatireis wird auch Duftreis genannt. Er hat einen sehr feinen Eigengeschmack und sollte deshalb nicht zu stark gewürzt werden.

	Für 4 Personen:
4	*getrocknete Reisblätter von etwa 20 cm Ø*
100 g	*Basmatireis*
	Salz
	frisch gemahlener schwarzer Pfeffer
200 g	*Garnelen oder 12 Gambas von je etwa 15 g*
24	*nicht zu große Zuckerschoten*
60 ml	*Gemüsefond (Rezept Seite 15)*
40 g	*Butter*
4	*Blätter frische Minze*
20 ml	*Sojaöl*
	Arbeitsaufwand:
	etwa 45 Minuten
	Ruhezeit:
	etwa 30 Minuten
	Garzeit:
	etwa 30 Minuten

1. Die Reisblätter jeweils in ein feuchtes Tuch einschlagen und in etwa 30 Minuten weich werden lassen.

2. Inzwischen den Reis mit etwa der dreifachen Menge Wasser, wenig Salz und Pfeffer zum Kochen bringen und bei schwacher bis mittlerer Hitze etwa 15 Minuten garen, bis er weich ist. Dann abgießen und abtropfen lassen.

3. Inzwischen die Garnelen oder die Gambas aus den Schalen lösen. Den Darm entfernen (siehe Seite 12/13). Die Zuckerschoten waschen und die Fäden abziehen.

4. Die weichen Reisblätter auf der Arbeitsfläche ausbreiten und flach auseinanderziehen. Den Reis und die Garnelen in die Mitte der Reisblätter setzen. Die vier Ränder übereinander schlagen. Sie halten durch die Reisstärke zusammen.

5. Die Zuckerschoten mit dem Gemüsefond in einen flachen Topf geben und zugedeckt bei mittlerer Hitze etwa 2 Minuten kochen. Die Hälfte der Butter in kleine Stücke schneiden und unter das Gemüse rühren, mit Salz und Pfeffer abschmecken. Die Minze in Streifen schneiden und untermischen. Das Gemüse warm halten.

6. Die restliche Butter in einer Pfanne erhitzen. Das Sojaöl dazugeben. Die Reispakete mit der dünnen Seite nach unten hineinlegen und bei mittlerer Hitze etwa 2 Minuten braten. Dann die Päckchen vorsichtig wenden und weitere 3 Minuten braten.

7. Das Gemüse mit der Sauce auf vorgewärmte Teller geben. Die Reispakete in die Mitte setzen und sofort servieren.

Meine Tips:

Als Getränk schmeckt am besten: Weißburgunder QBA/Franken von Theo Luckert.
Garnelen gibt es das ganze Jahr über in verschiedenen Größen zu kaufen. Statt der Zuckerschoten schmeckt auch ein Gemüse aus Sojasprossen und frischen Shiitake-Pilzen.

Austern mit Wirsing unter der Strudelteighaube

Wenn es einmal schneller gehen soll, lassen Sie den Strudelteig weg und garen die Austern auf dem Blech im Bratschlauch.

Für 2 Personen:	
Für den Strudelteig:	
200 g	*Mehl*
8 g	*Salz*
80 ml	*Wasser*
25 ml	*Pflanzenöl und*
	Pflanzenöl zum Bestreichen
Für die Austern:	
12	*Austern*
60 g	*Wirsing*
	wenig Salz
20 g	*Butter*
80 ml	*Gemüsefond (Rezept Seite 15)*
	oder Wasser
40 g	*Sahne*
	frisch gemahlener schwarzer
	Pfeffer
2	*Handvoll grobes Salz*
8	*Chinakohlblätter*
Arbeitsaufwand:	
	etwa 1 1/4 Stunden
Garzeit:	
	etwa 5 Minuten

1. Für den Teig das Mehl in eine Schüssel geben. Das Salz im Wasser auflösen. Das Wasser und das Öl zum Mehl geben und alles zu einem glatten geschmeidigen Teig verkneten.

2. Den Teig mit etwas Öl bestreichen und bei Zimmertemperatur etwa 1 Stunde ruhen lassen.

3. Inzwischen die Austern öffnen und kalt stellen. Zum Öffnen der Austern lesen Sie bitte auch Seite 9.

4. Den Wirsing von den Strünken befreien und in reichlich kochendem Salzwasser etwa 3 Minuten blanchieren, dann in Eiswasser abschrecken, abtropfen lassen und in feine Würfel schneiden.

5. Die Butter in einem Topf erhitzen und die Wirsingwürfel darin bei mittlerer Hitze anschwitzen. Den Gemüsefond oder das Wasser und die Sahne angießen. Den Wirsing pfeffern und bei mittlerer bis schwacher Hitze garen, bis fast alle Flüssigkeit verdampft ist.

6. Das Wasser von den Austern abschütten, ohne die Austern dabei von der Schale zu lösen. Das lauwarme Wirsinggemüse auf den Austern verteilen.

7. Eine runde feuerfeste Form oder ein Pizzablech mit dem groben Salz ausstreuen, damit die Austern einen Halt haben. Die Austern darauf verteilen und zuerst mit dem lauwarmen Wirsing, dann mit den Chinakohlblättern bedecken.

8. Den Backofen auf 200–220° vorheizen.

9. Den Strudelteig auf wenig Mehl in der Größe der Form ausrollen. Die Ränder des Teiges mit Wasser bestreichen, auf die Form legen und gut andrücken.

10. Die Austern im Ofen (Mitte) etwa 5 Minuten backen, dann in der Form servieren.

Meine Tips:

Als Getränk paßt am besten: Chardonnay-Sekt/Rhein von Geiling.
Austern haben in den Monaten mit dem Buchstaben »r« im Namen Saison. Frische Austern erkennen Sie an der geschlossenen Schale und dem einwandfreien Geruch. Austern müssen mit eigenem Wasser gefüllt und am Leben sein.
Statt Austern können Sie für dieses Gericht auch andere Muscheln nehmen. Wenn Sie den Bratschlauch verwenden, brauchen Sie ein Stück von etwa 45 x 31 cm Größe. Die Form dann vor dem Bestreuen mit Salz mit großen Wirsingblättern auslegen. Die Chinakohlblätter in diesem Fall weglassen.

Passierte Fischsuppe nach traditioneller Art mit Rouille

Diese Suppe macht relativ viel Arbeit. Sie werden aber sicher durch die Freude beim Essen entschädigt.

Für 4 Personen:	
1	*Petermännchen von etwa 200 g*
1	*Knurrhahn von etwa 200 g*
100 g	*Meeraal*
1	*Zwiebel von etwa 100 g*
2	*Knoblauchzehen*
20 g	*Möhren*
20 g	*Lauch*
4	*Dosentomaten*
60 ml	*Olivenöl*
4	*Krevetten- oder Gambaköpfe*
800 ml	*Wasser*
200 ml	*trockener Weißwein*
	Salz
	frisch gemahlener schwarzer Pfeffer
1	*Thymianzweig*
1/2	*unbehandelte Zitrone*
	eventuell einige Safranfäden
1	*kleines Bund Petersilie*
Für die Rouille:	
4	*Knoblauchzehen*
100 g	*gekochte Kartoffel oder*
6	*Scheiben Toastbrot*
	Salz
	frisch gemahlener schwarzer Pfeffer
	einige Safranfäden
20 ml	*Olivenöl*
Arbeitsaufwand:	
	etwa 1 1/2 Stunden
Garzeit:	
	etwa 1 Stunde

1. Die Fische ausnehmen, die Kiemen entfernen. Siehe auch Seite 10. Vom Knurrhahn das vordere Filet auslösen, in gleichmäßig große Würfel schneiden und als Einlage für die Suppe beiseite legen.

2. Die Fische waschen und mit der Haut und den Gräten in Stücke schneiden.

3. Die Zwiebel und den Knoblauch schälen und fein schneiden. Die Möhre und den Lauch putzen und waschen, dann mit den abgetropften Tomaten ebenfalls kleinschneiden.

4. Das Öl in einem großen Topf erhitzen. Die Köpfe der Krustentiere darin bei starker Hitze etwa 1 Minute rösten, dann die Zwiebel, den Knoblauch, die Möhre und den Lauch hinzufügen. Alles noch einmal etwa 1 Minute rösten. Dann die Fischstücke und die Tomaten untermischen.

5. Das Wasser und den Wein angießen und mit Salz und Pfeffer würzen. Den Thymian und die Zitronenhälfte einlegen.

6. Die Suppe bei mittlerer bis schwacher Hitze zugedeckt etwa 40 Minuten köcheln lassen. Dann auf dem abgeschalteten Herd noch einmal etwa 10 Minuten ziehen lassen.

7. Für die Rouille die Knoblauchzehen in der Haut etwa 15 Minuten in der Suppe mitkochen lassen.

8. Den Knoblauch dann herausfischen, schälen und mit der gekochten Kartoffel oder dem Weißbrot und etwas Suppe im Mixer fein pürieren. Dabei so viel Suppe zugeben, daß eine cremige Sauce entsteht. Die Rouille mit Salz, Pfeffer und dem Safran abschmecken. Das Öl unterschlagen.

9. Die Petersilie waschen, trockenschwenken, die Blättchen abzupfen und fein hacken.

10. Die Suppe durch die flotte Lotte passieren, so daß sie schön sämig wird. Dann wieder in den Topf geben und noch einmal aufkochen. Die Suppe eventuell mit dem Safran würzen, mit Salz und Pfeffer abschmecken.

11. Die Knurrhahnwürfel in die Suppe geben und etwa 1 Minute darin ziehen lassen.

12. Die Petersilie unter die Suppe mischen. Die Suppe mit der Rouille servieren.

Mein Tip:

Statt dem Knurrhahnfilet eignen sich für die Einlage auch Muscheln oder Krustentiere.

Kalte Gurkensuppe mit Lachs und Aalcroûtons

Schmeckt am besten mit einer Gurke aus Freilandanbau.

Für 4 Personen:	
1	*Salatgurke von etwa 700 g*
	Salz
	frisch gemahlener schwarzer
	Pfeffer
1	*kleine Schalotte*
1/2	*Knoblauchzehe*
50 ml	*trockener Weißwein*
200 ml	*kalter, klarer Fischfond (Rezept*
	Seite 14)
200 ml	*Gemüsefond (Rezept Seite 15)*
	Cayennepfeffer
160 g	*roher Lachs*
	Saft von
1/2	*Zitrone*
4	*Blatt frische Minze*
30 g	*Räucheraal*
30 g	*Butter*
8	*Scheiben Stangenweißbrot*
Arbeitsaufwand:	
	etwa 1 Stunde

1. Die Gurke schälen und längs halbieren. Die Kerne mit einem Löffel oder Kugelausstecher herauskratzen. Die Gurkenhälften in kleine Würfel schneiden, mit Salz und Pfeffer würzen und etwa 15 Minuten Saft ziehen lassen.

2. Die Schalotte und den Knoblauch schälen und fein schneiden.

3. Den Gurkensaft abgießen. Die Gurkenwürfel mit dem Wein, dem Fischfond, dem Gemüsefond, der Schalotte und dem Knoblauch mischen.

4. Die Masse durch ein nicht zu feines Spitzsieb passieren. Mit Salz und Cayennepfeffer abschmecken.

5. Den Lachs in kleine Würfel schneiden. Den Fisch mit Salz, Pfeffer und dem Zitronensaft (bis auf einen kleinen Rest) mischen und etwa 10 Minuten marinieren. Inzwischen die Minzeblätter in Streifen schneiden.

6. Die Gurkensuppe in Teller füllen. Die Lachswürfel einlegen und mit den Minzestreifen bestreuen.

7. Für die Aalcroûtons den Aal häuten. Dann mit der Butter, Salz, Pfeffer und dem übrigen Zitronensaft fein mixen.

8. Die Weißbrotscheiben toasten, mit der Aalpaste bestreichen und zu der Suppe servieren.

Meine Tips:

Als Getränk paßt am besten: Grauburgunder Spätlese/Baden von Dr. Heger.
Den Lachs können Sie durch gebratene Steinpilze oder durch Krabbenfleisch ersetzen.
Kaufen Sie für die Croûtons möglichst einen mild geräucherten Aal. Und: Kleinere Aale sind nicht so faserig und lassen sich deshalb besser mixen.

Kürbiscremesuppe mit Krevetten und Estragon

Aus des Gärtners Stolz wird eine gute Suppe!

Für 4 Personen:	
200 g	*Kürbis, geputzt gewogen*
1	*kleine Zwiebel*
80 g	*Krevetten*
20	*Estragonblätter*
20 g	*Butter*
1 Eßl.	*Mehl*
200 ml	*Fischfond (Rezept Seite 14)*
300 ml	*Wasser*
	Salz
	frisch gemahlener schwarzer Pfeffer
	Cayennepfeffer
300 g	*Sahne*
	etwas trockener Weißwein oder Zitronensaft
Arbeitsaufwand:	
	etwa 30 Minuten
Garzeit:	
	etwa 25 Minuten

1. Den Kürbis schälen, von den Kernen befreien und in etwa 1 cm große Würfel schneiden. Die Zwiebel schälen und würfeln. Die Krevetten in einem Sieb abtropfen lassen. Die Estragonblätter fein schneiden.

2. Die Butter in einem größeren Topf erhitzen. Die Kürbiswürfel und die Zwiebel hinzufügen und darin bei mittlerer Hitze glasig, aber nicht braun dünsten. Das Mehl darüber streuen und kurz anschwitzen.

3. Den Fischfond und das Wasser angießen und erhitzen. Die Suppe mit Salz, Pfeffer und Cayennepfeffer würzen und etwa 10 Minuten bei schwacher Hitze köcheln. Dann die Sahne hinzufügen und die Suppe weitere 5 Minuten garen.

4. Die Suppe mit dem Pürierstab im Topf pürieren. Mit Weißwein oder Zitronensaft verfeinern. Den Estragon unter die Suppe mischen. Nicht mehr kochen lassen.

5. Die Krevetten in Teller verteilen und mit der cremigen Suppe auffüllen.

Meine Tips:

Wenn möglich, sollten Sie die Krevetten beim Einkauf versuchen. Manche schmecken nämlich nur salzig und haben kein Aroma.
Statt Krevetten schmecken auch geräucherte Fischstücke.

Zandersuppe mit Kraut und Paprika

Eine herrliche Suppe für Herbst und Winter!

Für 4 Personen:	
250 g	*Zanderfilet*
2	*kleine Zwiebeln*
200 g	*Weißkraut*
1	*kleines Bund Petersilie*
40 g	*Butter*
	einige zerstoßene Kümmelkörner
	Salz
	frisch gemahlener schwarzer Pfeffer
1 Teel.	*edelsüßes Paprikapulver*
200 ml	*Gemüsefond (Rezept Seite 15)*
300 ml	*Fischfond (Rezept Seite 14)*
200 ml	*Wasser*
60 g	*Sahne*
	etwas Zitronensaft oder guter Weißweinessig
Arbeitsaufwand:	
	etwa 40 Minuten
Garzeit:	
	etwa 30 Minuten

1. Das Zanderfilet in gleichmäßige Würfel von etwa 1 cm Größe schneiden.

2. Die Zwiebeln schälen und fein würfeln. Das Kraut waschen, von den dicken Blattrippen befreien und ebenfalls klein würfeln. Die Petersilie waschen, trockenschwenken, die Blättchen abzupfen und hacken.

3. 10 g Butter mit etwas Petersilie und den Kümmelkörnern mischen.

4. Die restlichen 30 g Butter in einem breiten Suppentopf erhitzen. Die Zwiebeln und das Kraut zugeben und mit Salz und Pfeffer würzen. Etwa 2 Minuten bei mittlerer Hitze glasig werden lassen. Das Paprikapulver gut untermischen und alles noch einmal etwa 1 Minute dünsten.

5. Den Gemüsefond, den Fischfond und das Wasser dazugießen, mit Salz und Pfeffer würzen. Die Suppe bei mittlerer bis schwacher Hitze zugedeckt etwa 20 Minuten köcheln lassen.

6. Dann die Sahne mit einem Schneebesen unterrühren. Die Zanderwürfel in die Suppe geben und etwa 1/2 Minute darin ziehen lassen.

7. Die Petersilie und die Kümmelbutter unter die Suppe rühren. Mit Zitronensaft oder Essig abschmecken und servieren.

Meine Tips:

Statt Zander können Sie sehr gut Karpfen oder Waller nehmen. Auch Krebse schmecken sehr gut.
Sie können die süße Sahne auch weglassen und die Suppe im Teller mit etwas saurer Sahne garnieren.

Klare Krustentiersuppe mit Zucchinirouladen

Eine leichte Suppe mit sehr intensivem Geschmack, aus der sich im Sommer ganz leicht eine Sülze zubereiten läßt.

Für 4 Personen:	
10	Krevettenköpfe
1	Hummerpanzer
4	Langoustinenpanzer
4	Gambaköpfe
60 ml	Pflanzenöl
1/4	Stange Lauch
1	kleine Möhre
1	Tomate
1	Schalotte
	einige Kräuterstengel (zum Beispiel von Petersilie, Estragon und Basilikum)
80 g	Eiweiß (von 2–3 Eiern)
600 ml	Fischfond (Rezept Seite 14)
200 ml	trockener Weißwein
200 ml	Gemüsefond (Rezept Seite 15)
2	Zucchini von etwa 15 cm Länge
160 g	roher Fisch (zum Beispiel Heilbutt, Seeteufel oder Kabeljau)
	Salz
	frisch gemahlener schwarzer Pfeffer
20	kleine Basilikumblätter
Arbeitsaufwand:	
	etwa 1 Stunde
Garzeit:	
	etwa 35 Minuten

1. Die Krustentierköpfe und -panzer in einer Pfanne in 40 ml Öl anbraten. Die Körper 5–8 Minuten bei starker bis mittlerer Hitze rösten, dann erkalten lassen.

2. Inzwischen den Lauch, die Möhre und die Tomate waschen beziehungsweise schälen, putzen und kleinschneiden. Die Schalotte schälen und ebenfalls zerkleinern. Die Kräuterstengel waschen.

3. Das Gemüse mit dem Eiweiß verrühren und zu den Krustentierkörpern geben. Den Fischfond, den Weißwein und den Gemüsefond angießen und einmal aufkochen.

4. Alles etwa 20 Minuten bei mittlerer Hitze leise sieden lassen und dabei klären. Die Suppe darf keinesfalls kochen. Immer wieder mit einem Holzspatel den Topfboden abkratzen, da das Eiweiß leicht ansetzt.

5. Die Suppe langsam durch einen Kaffeefilter gießen. Eine Filtertüte ist reiner als ein Passiertuch. Die Suppe heiß halten.

6. Die Zucchini waschen, putzen und der Länge nach in 2–3 mm dünne Streifen schneiden.

7. Die Streifen in dem restlichen Öl auf beiden Seiten kurz anbraten, dann auf Küchenpapier legen.

8. Den Fisch in feine Streifen schneiden und auf die Zucchinistreifen legen. Mit Salz und Pfeffer würzen, aufrollen und die Rouladen waagerecht halbieren. Mit dem grünen Rand nach oben in vorgewärmte Suppenteller legen und mit der heißen Suppe übergießen. Mit den Basilikumblättern garniert servieren.

Mein Tip:

Für eine Sülze 6 Blatt Gelatine einweichen und in der Suppe auflösen. Vor dem Servieren mindestens 3 Stunden kühl stellen.

Hauptgerichte mit Süßwasser-fischen

Fische aus Flüssen und Seen kommen nicht in so zahlreichen Arten vor wie ihre Verwandten aus dem Meerwasser. Doch Waller, Zander, Karpfen, Forelle und Co. schmecken ausgezeichnet, wenn sie aus guten Gewässern stammen. Und sie lassen sich höchst abwechslungsreich zubereiten, wie die Gerichte in diesem Kapitel beweisen. Lassen Sie sich verführen von Wallerscheiben mit Spitzkohl, Radieschen und Kartoffelwürfeln, Flußbarsch auf gefülltem Mangoldblatt mit roten Beten oder Aal mit Kraut im Strudelteig.

Wallerscheiben mit Spitzkohl, Radieschen und Kartoffelwürfeln

Wie dieses Gericht beweist, schmeckt Waller nicht nur im Wurzelsud.

Für 4 Personen:	
4	Wallerscheiben von je etwa
	180 g
180 g	Spitzkohl
160 g	festkochende Kartoffeln
8	Radieschen
1	kleines Bund Petersilie
	Salz
	frisch gemahlener schwarzer
	Pfeffer
60 g	Butter
1	Prise Zucker
10 ml	trockener Weißwein
10 ml	Pflanzenöl

Für den Aromadampf:	
1 l	Wasser
1	Lorbeerblatt
2	Knoblauchzehen mit Haut, leicht
	angedrückt
1 Eßl.	schwarze Pfefferkörner
1	Gewürznelke
1	Teel. Korianderkörner
1	Thymianzweig
1	Handvoll frische Kräuterstengel

Arbeitsaufwand:

etwa 45 Minuten

Garzeit:

etwa 10 Minuten

1. Von den Wallerscheiben die Haut entfernen. Den Spitzkohl waschen und in feine Streifen schneiden. Die Kartoffeln waschen, schälen und in etwa 1 cm große Würfel schneiden. Die Radieschen waschen und sechsteln. Die kleinen zarten Blätter beiseite legen. Die Petersilie waschen, trockenschwenken, die Blättchen abzupfen und hacken.

2. Für den Aromadampf in einem Topf mit Dämpfeinsatz das Wasser mit den Gewürzen und den Kräutern zum Kochen bringen.

3. Die Wallerscheiben mit Salz und Pfeffer würzen und in den Dämpfeinsatz geben. Den Fisch über dem heißen Aromadampf zugedeckt 6–8 Minuten garen.

4. Inzwischen die Hälfte der Butter in einem Topf erhitzen. Die Kohlstreifen darin glasig dünsten und mit Salz, Pfeffer und dem Zucker würzen. Den Wein angießen und kurz kochen lassen. Die Radieschen hinzufügen und etwa 1 Minute mitgaren. Wenn die Flüssigkeit verdampft ist, die Radieschenblätter untermischen.

5. Möglichst gleichzeitig das Öl erhitzen. Die Kartoffelwürfel darin bei mittlerer Hitze etwa 4 Minuten braten, bis sie rundherum schön knusprig sind.

6. Die restliche Butter zerlassen, die Petersilie untermischen.

7. Die Wallerscheiben auf vorgewärmten Tellern verteilen. Mit dem Kohl und den Radieschen garnieren. Die Kartoffelwürfel darüber verteilen und alles mit der heißen Petersilienbutter beträufeln.

Meine Tips:

Als Getränk paßt am besten: Brüssele Riesling Spätlese/Württemberg von Graf Adelmann.
Der Waller lebt in großen Flüssen und Seen. Während der kalten Jahreszeit kommt er aus Teichwirtschaft.
Der Waller hat einen langen, schuppenlosen Körper mit breitem, abgeflachten Kopf und Bartfäden. Er sollte nach dem Schlachten einen Tag ruhen, damit sich sämtliche Muskeln entspannen.
Dieses Gericht können Sie auch sehr gut mit Schleie zubereiten.

Bachforellen mit Graupenragout und Forellenkaviar

Eine Wildfang-Forelle aus gutem Wasser schmeckt einfach köstlich. Achten Sie darauf, daß Sie keinen Zuchtfisch kaufen.

Für 4 Personen:	
4	*Bachforellen von je etwa 300 g*
40 g	*kleine Perlgraupen*
200 ml	*Fischfond (Rezept Seite 14)*
200 ml	*Wasser*
200 ml	*Gemüsefond (Rezept Seite 15)*
1/2	*Schalotte*
1	*Stück Salatgurke (etwa 40 g)*
40 g	*Butter*
4 Teel.	*Forellenkaviar*
	Salz
	frisch gemahlener schwarzer Pfeffer
	etwas Zitronensaft
1 Teel.	*Dillspitzen*
Arbeitsaufwand:	
	etwa 45 Minuten
Garzeit:	
	etwa 35 Minuten

1. Die Forellen filetieren und von der Haut befreien. Die kleinen Gräten mit einer Pinzette aus den Filets ziehen (siehe Seite 10).

2. Die Graupen in einem Sieb waschen, dann mit dem Fischfond, dem Wasser und dem Gemüsefond in einem Topf erhitzen. Die Graupen zugedeckt bei schwacher Hitze etwa 20 Minuten garen. Anschließend noch etwa 10 Minuten auf der abgeschalteten Platte nachquellen lassen.

3. Während die Graupen garen, die Schalotte schälen und fein schneiden. Das Gurkenstück schälen und in kleine Würfel schneiden.

4. Die Schalotte und die Gurken unter die Graupen mischen und einmal aufkochen. 30 g Butter unter die Graupen ziehen. Sollten sie zu trocken sein, noch etwas Wasser hinzufügen. Die Graupen vom Herd nehmen, den Forellenkaviar untermischen. Die Graupen mit Salz und Pfeffer abschmecken und mit dem Zitronensaft verfeinern.

5. Die restliche Butter in einer Pfanne erhitzen. Die Forellenfilets mit Salz und Pfeffer würzen und in der Butter bei mittlerer Hitze pro Seite etwa 2 Minuten braten.

6. Die Forellenfilets auf vorgewärmten Tellern anrichten. Das Graupenragout rundherum verteilen. Mit den Dillspitzen bestreut servieren.

Meine Tips:

Als Getränk paßt am besten: Spätburgunder/Baden von Graf und Marquis zu Hoensbroech.
Forellen leben in fließenden Gewässern und in Seen in Mitteleuropa. Sie stammen inzwischen zum großen Teil aus der Teichwirtschaft. Die Regenbogenforelle ist graugrün mit dunklen Tupfen und regenbogenähnlichen Streifen an den Seiten. Die Seeforelle ist silbrig und hat kleine schwarze Flecken. Die Zuchtforelle ist ganzjährig im Handel, die Seeforelle nur von Januar bis September.
Statt Graupen paßt auch Reis beziehungsweise Risotto sehr gut zu den Bachforellen.

von und zu
Hoensbroech
GA 1291

Zanderscheiben im eigenen Sud gegart

So einfach und köstlich zugleich kann ein Fischgericht sein!

Für 4 Personen:	
4	mehligkochende Kartoffeln
4	Champignons
60 g	Petersilienwurzeln
60 g	Lauch
60 g	Staudensellerie
1	Knoblauchzehe
2	Tomaten
4	Zanderscheiben von je 130–150 g – quer geschnitten!
40–60 g	Butter
300 ml	Wasser
	Salz
	frisch gemahlener schwarzer Pfeffer
	einige Kerbelstiele
Arbeitsaufwand:	
	etwa 45 Minuten
Garzeit:	
	etwa 30 Minuten

1. Die Kartoffeln in einem Topf mit wenig Wasser zugedeckt in etwa 20 Minuten weich kochen.

2. Die Kartoffeln dann abschrecken, schälen und würfeln. Die Champignons putzen und ebenfalls würfeln. Mit den Kartoffeln mischen.

3. Die Petersilienwurzeln, den Lauch, den Staudensellerie, den Knoblauch und die Tomaten schälen beziehungsweise waschen, putzen und kleinschneiden.

4. Die Zanderscheiben von der Haut befreien. Die Gräte aus der Mitte vorsichtig herausschneiden. Die Zanderscheiben mit der Kartoffelpilzmasse füllen.

5. Den Grill vorheizen.

6. 20 g Butter in einem weiten Topf oder einer feuerfesten Form erhitzen. Das Gemüse und den Knoblauch darin anschwitzen. Die Zanderscheiben einlegen. Das Wasser angießen und alles mit Salz und Pfeffer würzen.

7. Den Zander in den Ofen schieben und etwa 7 Minuten unter dem heißen Grill garen.

8. Die Zanderscheiben auf heißen Tellern verteilen.

9. Von der restlichen Butter so viel unter den kochenden Sud schwenken, bis er gebunden ist. Die Kerbelblättchen abzupfen, untermischen und das Gemüseragout neben dem Zander anrichten.

Meine Tips:

Als Getränk paßt am besten: Riesling trocken/Rheingau von Schloß Johannisberg.
Diese Zubereitungsart ist für alle Fische geeignet, die eine stabile Bauchseite haben und die man in Scheiben schneiden kann.

Karpfenfilets im Aromadampf gegart mit Gurken-Ingwer-Sauce

Dämpfen ist für Karpfen eine ideale Zubereitungsart – er schmeckt nicht so fett.

Für 4 Personen:	
1	*Karpfen von etwa 900 g*
1	*Stück Salatgurke (etwa 160 g)*
1	*kleines Bund Schnittlauch*
1	*Stück frischer Ingwer*
1/2	*Schalotte*
	Salz
	frisch gemahlener schwarzer Pfeffer
100 ml	*Fisch- oder Gemüsefond (Rezept Seite 14, 15)*
40 ml	*trockener Weißwein*
30 g	*kalte Butter*
	etwas Zitronensaft
Für den Aromadampf:	
1 l	*Wasser*
1	*Lorbeerblatt*
2	*Knoblauchzehen mit Haut, leicht angedrückt*
1 Eßl.	*schwarze Pfefferkörner*
1	*Gewürznelke*
1 Teel.	*Korianderkörner*
1	*Thymianzweig*
1	*Handvoll frische Kräuterstengel*
Arbeitsaufwand:	
	etwa 45 Minuten
Garzeit:	
	etwa 10 Minuten

1. Den Karpfen filetieren und von der Haut befreien (siehe Seite 10). Die Filets jeweils in 2–4 Stücke schneiden.

2. Das Gurkenstück schälen, von den Kernen befreien und klein würfeln. Den Schnittlauch waschen, trockentupfen und in etwa 2 cm lange Stücke schneiden. Den Ingwer wie eine Kartoffel schälen und fein reiben. Sie brauchen für die Sauce etwa 1 Teelöffel geriebenen Ingwer. Die Schalotte schälen und fein schneiden.

3. Für den Aromadampf das Wasser mit den Gewürzen und den Kräutern in einem Topf mit Dämpfeinsatz mischen. Die Karpfenfilets mit Salz und Pfeffer würzen, in den Dämpfeinsatz geben und zugedeckt über dem heißen Aromadampf 4–6 Minuten garen.

4. Inzwischen den Fisch- oder Gemüsefond mit dem Weißwein in einen Topf geben und bei mittlerer Hitze unter Rühren auf etwa 120 ml einkochen lassen. Die Gurkenwürfel untermischen und etwa 1/2 Minute in der Sauce garen.

5. Die kalte Butter in Stücke schneiden und mit dem Schneebesen unter die Sauce schlagen. Die Sauce dabei nicht mehr kochen lassen.

6. Den Ingwer und den Schnittlauch unter die Sauce mischen, mit Salz und Pfeffer abschmecken und mit dem Zitronensaft verfeinern.

7. Den Karpfen auf vorgewärmten Tellern anrichten und mit der Gurken-Ingwer-Sauce überziehen.

Meine Tips:

Als Getränk schmeckt am besten: Silvaner/Franken von Theo Luckert.
Karpfen wird hauptsächlich in Teichen gezüchtet, seltener bekommt man einen Wildkarpfen zu kaufen. Man unterscheidet Schuppenkarpfen, die – wie der Name schon sagt – sehr viele Schuppen haben und Leder- oder Spiegelkarpfen, die fast keine Schuppen haben. Letztere haben einen bräunlichen Rücken und hellere Bauchstreifen.
Statt Karpfen können Sie für dieses Gericht auch weißen Amur (Graskarpfen) verwenden.
Dazu schmecken sehr gut Kartoffelplätzchen.

Zanderfilets mit Brösel-Sonnen-blumen-Kruste auf Spinatsauce

Zander hat einen so kräftigen Eigengeschmack, daß er sich besonders gut zum Panieren eignet.

Für 4 Personen:	
1	Zander von etwa 750 g
4	Scheiben gefrorenes Toastbrot
40 g	Sonnenblumenkerne
1	Ei
2–3 Eßl.	Mehl
	Salz
	frisch gemahlener schwarzer Pfeffer
40 ml	Pflanzenöl
60 g	kalte Butter
20 g	junger Blattspinat
100 ml	Fischfond (Rezept Seite 14; am besten vom Zander)
20 g	Sahne
Arbeitsaufwand:	
	etwa 45 Minuten
Garzeit:	
	etwa 10 Minuten

1. Den Zander filetieren, von der Haut und den Gräten befreien (siehe Seite 10) und in 4 Stücke schneiden.

2. Die Rinde vom gefrorenen Toastbrot abschneiden. Das Brot und die Sonnenblumenkerne getrennt im Mixer zu feinen Bröseln verarbeiten. Dann mischen.

3. Das Ei verquirlen und in einen Teller geben. Das Mehl und die Bröselmischung ebenfalls auf Tellern bereit stellen.

4. Die Zanderfilets mit Salz und Pfeffer würzen. Zuerst im Mehl, dann im Ei und zum Schluß in der Bröselmischung wenden.

5. Für die Sauce den Spinat waschen, gut abtropfen lassen und in Streifen schneiden. Den Fischfond in einen Topf geben und bei mittlerer Hitze auf etwa die Hälfte einkochen lassen.

6. Gleichzeitig das Öl und 20 g Butter in einer Pfanne erhitzen. Durch die Mischung kann man die Butter stärker erhitzen, ohne daß sie verbrennt. Die Zanderfilets darin bei mittlerer Hitze von jeder Seite in etwa 3 Minuten goldbraun braten.

7. Den Spinat unter den reduzierten Fischfond mischen. Die Sahne und die restliche kalte Butter dazugeben und alles gut aufmixen.

8. Aus der Sauce auf vorgewärmten Tellern einen Spiegel gießen. Die Zanderfilets jeweils in der Mitte anrichten.

Meine Tips:

Als Getränk schmeckt am besten: Silvaner Kabinett/Franken von Theo Luckert.
Zum Panieren eignet sich frisches, gefrorenes Brot besonders gut. Es läßt sich gut reiben und ist nicht so trocken wie altbackenes Brot.
Statt der Spinatsauce schmeckt zu den Zanderfilets auch eine Salatvariation.

Hecht mit Speck gebraten

In meinem Restaurant bevorzuge ich Hecht vom Starnberger See. Dieses Gericht schmeckt am besten mit den jungen, einjährigen Hechten.

Für 2 Personen:	
1	Hecht von 600–700 g
	Salz
	frisch gemahlener schwarzer Pfeffer
	etwas Zitronensaft
80 g	Frühlingszwiebeln
65 g	Butter
15 g	Sonnenblumenkerne
1	Stück Salatgurke von 160 g
2	Scheiben geräucherter Rückenspeck von 15 cm Länge, 5 cm Breite und nur 2 mm dünn
40 ml	Pflanzenöl
2	Bärlauchblätter (ersatzweise Rauke/Rucola oder junge Radieschenblätter)
40 ml	Wasser
2 Eßl.	saure Sahne
Arbeitsaufwand:	
	etwa 1 Stunde
Garzeit:	
	etwa 15 Minuten

1. Den Hecht schuppen und die Flossen abschneiden. Den Hecht dann über die Kiemen ausnehmen (siehe Seite 11). Den Hecht am Rücken auf beiden Seiten der Gräte leicht einschneiden und die Mittelgräte vorsichtig auslösen. Kopf und Schwanz am Hecht lassen.

2. Den Hecht gründlich kalt abspülen, innen salzen und pfeffern und mit etwas Zitronensaft beträufeln.

3. Die Frühlingszwiebeln putzen. 25 g Butter in einer kleinen Pfanne zerlassen. Die Frühlingszwiebeln und die Sonnenblumenkerne darin bei mittlerer Hitze anschwitzen und leicht bräunen. Beides erkalten lassen und in den Hecht füllen.

4. Den Backofen auf 180–200° vorheizen.

5. Das Gurkenstück schälen, längs halbieren und die Kerne herauskratzen. Die Gurke in Stifte von etwa 4 cm Länge und 1 cm Dicke schneiden.

6. Den Hecht mit den Speckscheiben belegen und mit 30 g Butter und dem Öl in eine passende feuerfeste Form geben. Den Hecht im heißen Ofen (Mitte) 10–12 Minuten braten. Dabei gelegentlich mit dem Bratfett übergießen.

7. Inzwischen die Bärlauchblätter in Streifen schneiden.

8. Nach etwa 8 Minuten die Speckscheiben vom Hecht nehmen, in kleine Würfel schneiden und in einer Pfanne bei mittlerer bis starker Hitze knusprig braten. Die Würfel wieder über den Hecht streuen. Die Bärlauchblätter etwa 1 Minute vor dem Servieren über den Hecht streuen.

9. Die Gurke mit Salz und Pfeffer würzen und mit dem Wasser und den restlichen 10 g Butter in einen Topf geben. Bei mittlerer Hitze etwa 3 Minuten kochen. Die saure Sahne untermischen und alles noch einmal aufkochen.

10. Den Hecht im Ganzen anrichten und das Gurkengemüse getrennt dazu servieren.

Meine Tips:

Als Getränk paßt am besten: Chateau Tracy/Loire.
Der Hecht lebt in Seen und Teichen und ist dort der König der Raubfische.
Das Gurkengemüse können Sie sehr gut mit 1 Teelöffel Renken- oder Forellenkaviar verfeinern.

Flussbarsch auf gefülltem Mangoldblatt mit roten Beten

Der Flußbarsch gehört zu den besten Süßwasserfischen!

Für 4 Personen:	
600 g	Flußbarschfilets
	Salz
	frisch gemahlener schwarzer Pfeffer
2	rote Beten von je etwa 100 g
4	große Mangoldblätter
1	Schalotte
70 g	Butter
10 ml	Zitronensaft
110 ml	Wasser
1	kleines Bund Petersilie
1/2 Teel.	Kümmelkörner
100 ml	Fischfond (Rezept Seite 14)
50 ml	trockener Weißwein
1 Eßl.	frisch geriebener Meerrettich
Arbeitsaufwand:	
	etwa 1 1/4 Stunden
Garzeit:	
	etwa 1 Stunde

1. Die Flußbarschfilets mit einer Pinzette von den Gräten befreien (siehe Seite 11), dann in Würfel schneiden. Mit Salz und Pfeffer würzen und gut vermischen.

2. Die roten Beten waschen und in Salzwasser zugedeckt bei mittlerer Hitze in etwa 1 Stunde weich kochen.

3. Inzwischen die Mangoldblätter waschen. Die Blätter in reichlich kochendem Salzwasser etwa 1 Minute blanchieren, dann kalt abschrecken und auf einem Tuch abtropfen lassen. Die Stiele abtrennen und in etwa 1/2 cm große Stücke schneiden.

4. Den Backofen auf 200° vorheizen.

5. Die Schalotte schälen und fein schneiden. 20 g Butter in einem Topf erhitzen. Die Schalotte und die Mangoldwürfel darin anschwitzen. Etwas Zitronensaft und 30 ml Wasser dazugeben und den Mangold zugedeckt bei mittlerer Hitze in 12–15 Minuten weich dünsten.

6. Inzwischen die Petersilie waschen, trockenschwenken und ohne die groben Stiele sehr fein hacken. Die Mangoldwürfel etwas abkühlen lassen, dann mit der Petersilie mischen und in der Mitte der Mangoldblätter verteilen. Die Blätter jeweils zu einem Rechteck einschlagen und in eine feuerfeste Form setzen.

7. Die Fischwürfel auf die gefüllten Mangoldblätter setzen. 80 ml Wasser angießen und 10 g Butter in Stücken auf dem Fisch verteilen. Den Fisch im heißen Ofen (Mitte) etwa 12 Minuten garen.

8. Inzwischen die gegarten roten Beten schälen, halbieren und in etwa 1/2 cm dicke Scheiben schneiden. Die Scheiben in etwas eigenem Sud noch einmal erwärmen.

9. Für die Sauce den Kümmel im Mörser etwas zerquetschen. Den Fischfond mit dem Weißwein und dem Kümmel in einen Topf füllen und bei mittlerer Hitze auf etwa 100 ml einkochen lassen.

10. Den Fond durch ein feines Sieb passieren, mit der restlichen kalten Butter aufmixen. Den Meerrettich untermischen.

11. Jeweils 1 Mangoldblatt in die Mitte von vorgewärmten Tellern setzen. Die roten Beten daneben anrichten und mit der Kümmelsauce überziehen.

Meine Tips:

Als Getränk paßt am besten: Riesling/Elsaß von Trimbach.
Der Flußbarsch ist ein kleiner Edelfisch mit dunklen Querstreifen. Er sollte möglichst nicht größer als 20 cm sein. Flußbarsche leben in Alpenseen und im Bodensee.

Aal mit Kraut im Strudelteig

Diejenigen, die sich bisher nichts aus Aal gemacht haben, wird dieses Gericht vom Gegenteil überzeugen.

Für 2 Personen:	
1	Zwiebel
1	Knoblauchzehe
1	Möhre
1	kleine Lauchstange
40 g	Staudensellerie
2 l	Wasser
60 ml	Weißweinessig
1	Lorbeerblatt
1	Gewürznelke
	Salz
	frisch gemahlener schwarzer Pfeffer
1	Aal von etwa 400 g
1	säuerlicher Apfel (Boskop)
10 g	Butter
40 g	Walnußkerne
150 g	gegartes Sauerkraut
4	Weißkohlblätter
Für den Strudelteig:	
100 g	Mehl
4 g	Salz
40 ml	Wasser
12 ml	Pflanzenöl und
	etwas Pflanzenöl zum Bestreichen
1	Eigelb
Für die Zwiebelsauce:	
120 g	Zwiebeln
15 g	Butter
1	gehäufter Eßl. Zucker
100 ml	Wasser
50 ml	Gemüsefond (Rezept Seite 15)
10 ml	Aceto balsamico
1 1/2	Schalen Gartenkresse

Arbeitsaufwand:
etwa 2 Stunden

Garzeit:
etwa 50 Minuten

1. Die Zwiebel und die Knoblauchzehe schälen und kleinschneiden. Die Möhre, den Lauch und den Sellerie putzen und ebenfalls kleinschneiden.

2. Das Wasser mit dem Essig, dem Gemüse, dem Lorbeerblatt, der Gewürznelke, Salz und Pfeffer in einem Topf aufkochen.

3. Die Haut des Aals hinter dem Kopf einschneiden und etwas ablösen. Die Haut mit Salz bestreuen, mit einem trockenen Tuch anfassen und kräftig nach hinten abziehen. Den Aal in 4 gleich große Stücke schneiden und im Sud knapp unter dem Siedepunkt etwa 20 Minuten garen.

4. Den Aal aus dem Sud nehmen und abkühlen lassen. Die äußere Fettschicht eventuell abschaben, die Mittelgräte vorsichtig auslösen.

5. Für den Strudelteig das Mehl mit dem Salz, dem Wasser und dem Öl zu einem geschmeidigen Teig verkneten, mit Öl bepinseln und zugedeckt ruhen lassen, bis er gebraucht wird.

6. Den Apfel schälen, vom Kerngehäuse befreien und in gleichmäßig dicke Spalten schneiden. Die Butter in einer Pfanne zerlassen, die Apfelspalten darin bei mittlerer bis schwacher Hitze etwa 1 Minute braten, aus der Pfanne nehmen. Die Walnußkerne in kleine Stücke schneiden, in die Pfanne geben und etwa 1 Minute rösten. Dann mit dem Sauerkraut mischen.

7. Die Weißkohlblätter in kochendem Salzwasser etwa 3 Minuten blanchieren, bis sie fast weich sind. Kalt abschrecken und auf einem Tuch abtropfen lassen.

8. Die Apfelspalten auf die Aalfilets legen. Die Aalstücke jeweils in 1 Krautblatt wickeln.

9. Den Strudelteig hauchdünn ausrollen. Die Krautpäckchen nebeneinander darauf setzen und mit dem Sauerkraut bedecken. Die Teigränder darüber zusammenschlagen und so auf ein Blech setzen, daß die »Sauerkrautseite« nach oben zeigt.

10. Den Backofen auf 200° vorheizen.

11. Für die Zwiebelsauce die Zwiebeln schälen und fein würfeln. Die Butter in einem Topf erhitzen und die Zwiebeln darin anschwitzen. Den Zucker darüber streuen und leicht bräunen. Das Wasser, den Gemüsefond und den Aceto balsamico hinzufügen und die Zwiebeln bei schwacher Hitze etwa 15 Minuten kochen lassen, bis die Flüssigkeit fast verdampft ist.

12. Den Strudel mit dem Eigelb bestreichen und im heißen Ofen (Mitte) in etwa 15 Minuten knusprig backen.

13. Die Kresse unter die Zwiebelsauce mischen. Den Strudel in etwa 2 cm dicke Scheiben schneiden und mit der Zwiebelsauce servieren.

Meine Tips:

Als Getränk paßt am besten: Entre-deux-mers von Tour de Mirambeau. Aal können Sie das ganze Jahr über kaufen. Die ideale Größe liegt zwischen 80 und 100 cm.

Zander-Kraut-Rouladen mit Linsensauce

Eine ungewöhnliche Kombination, die Sie versuchen sollten.

Für 4 Personen:	
1	Zander von 800–1000 g
60 g	Puy-Linsen
	Salz
1	Schalotte (etwa 40 g)
2 Teel.	Aceto balsamico
150 ml	trockener Rotwein
4	große Weißkohlblätter
1/2	Bund Petersilie
100 ml	Fischfond (Rezept Seite 14;
	am besten vom Zander)
40 ml	trockener Weißwein
40 g	kalte Butter
Für den Aromadampf:	
1 l	Wasser
1	Lorbeerblatt
2	Knoblauchzehen mit Haut, leicht
	angedrückt
1 Eßl.	schwarze Pfefferkörner
1	Gewürznelke
1 Teel.	Korianderkörner
1	Thymianzweig
1	Handvoll frische Kräuterstengel
Arbeitsaufwand:	
	etwa 1 Stunde
Garzeit:	
	etwa 40 Minuten

Der Zander lebt in großen Seen und in Flüssen, kommt aber zunehmend auch aus der Teichwirtschaft. Kaufen können Sie den sandfarbenen, silbrig schimmernden Fisch das ganze Jahr über. Zander, früher hauptsächlich als regionale Spezialität bekannt, hat inzwischen seinen festen Platz auf den Speisekarten aller Feinschmecker-Restaurants. Der feine Fisch mit dem mageren, zarten und hocharomatischen Fleisch eignet sich hervorragend für fast alle Zubereitungsarten, auch für Fischfond, die Grundlage köstlicher Saucen.

Für dieses Gericht sollten Sie am besten Puy-Linsen aus dem Gebiet der Haute-Loire kaufen, wo sie auf Vulkanerde wachsen. Puy-Linsen sind bläulichschimmernd und schmecken intensiver und weniger mehlig als normale Linsen.

Die Zubereitung über dem Aromadampf ist eine ideale Methode, Fisch zu garen. Sie brauchen dazu einen Topf mit Lochgittereinsatz, auch Dämpfeinsatz genannt. Diese Töpfe werden hauptsächlich von italienischen Firmen hergestellt. Mit dem Garen im Dampfdrucktopf hat diese Zubereitungsart übrigens nichts zu tun. Das Wasser, über dem der Fisch gegart wird, aromatisiert man mit Gewürzen und Kräutern wie im Rezept angegeben. Diese Zutaten sollten immer möglichst dem Gericht entsprechend gewählt werden, also zum Beispiel bei einem Fisch, der mit Fenchel serviert wird, das Fenchelgrün im Sud mitgaren. Den Sud können Sie für mehrere Kochvorgänge verwenden.

Statt mit Butter läßt sich die Sauce auch mit einer gekochten, zerdrückten Kartoffel binden. Es eignen sich dazu alle mehligkochenden Sorten.

Den Weißkohl können Sie durch Spitzkohl oder auch Frühwirsing ersetzen.

Zur Zander-Kraut-Roulade schmeckt als Getränk am besten ein Münchener Pils.

1. Das Fischfleisch auf einer Seite des Rückgrates vom Kopf bis zum Schwanz einschneiden. Das Fischfleisch unmittelbar hinter dem Kopf einschneiden. Ein scharfes Messer entlang der Mittelgräte führen und das obere Filet von den Gräten schneiden. Das zweite Filet ebenso ablösen.

2. Das Fischfilet dann mit der Hautseite nach unten auf ein Brett legen. Das Filet am Schwanzende von der Haut abschneiden. Die Haut mit einer Hand gut festhalten. Das Messer zwischen Fischfleisch und Haut ansetzen und vom Körper weg das Filet von der Haut trennen.

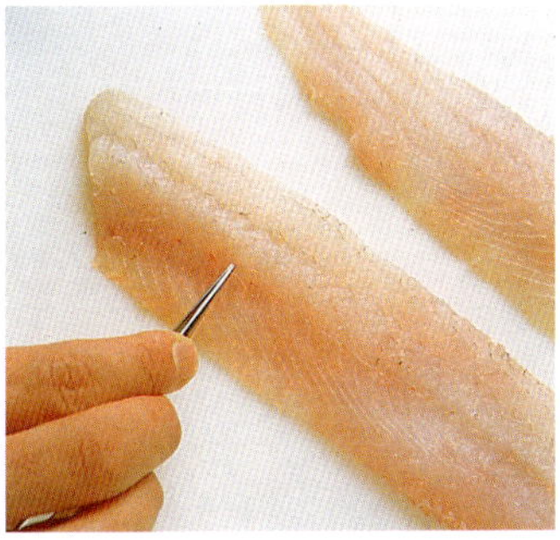

3. Die verbliebenen Gräten mit einer Pinzette aus den Filets ziehen. Die Filets in Scheiben von 1 cm Dicke schneiden.

4. Die Linsen mit reichlich Wasser und Salz zum Kochen bringen, dann zugedeckt bei mittlerer bis schwacher Hitze in etwa 30 Minuten weich kochen. Inzwischen die Schalotte schälen und in Scheiben schneiden.

5. Die Schalotte mit dem Aceto balsamico und dem Rotwein in einem Topf zum Kochen bringen und bei schwacher bis mittlerer Hitze einkochen lassen, bis die Flüssigkeit ganz verdampft ist.

6. Die Kohlblätter waschen und in reichlich Salzwasser etwa 3 Minuten blanchieren, bis sie sich aufrollen lassen. Die Kohlblätter in Eiswasser abschrecken und auf einem Tuch ausbreiten. Die Petersilienblättchen waschen und fein hacken.

7. Den Fischfond mit dem Weißwein in einem Topf bei schwacher bis mittlerer Hitze auf die Hälfte einkochen lassen. Die kalte Butter in kleinen Stücken untermischen.

8. Die Linsen abtropfen lassen und unter die Sauce mischen, die Petersilie zugeben.

9. Die Krautblätter würzen, gleichmäßig mit den Zanderscheiben belegen und den Fisch ebenfalls würzen. Die Blätter einrollen. Für den Aromadampf das Wasser mit den übrigen Zutaten zum Kochen bringen. Die Rouladen im Dämpfeinsatz zugedeckt 5–7 Minuten garen.

10. Die Linsen mit der Sauce auf vorgewärmten Tellern anrichten. Jeweils 1 Roulade darauf setzen und mit den warmen Rotweinschalotten garnieren.

Saiblinge mit Gurken, Steinpilzen und Brunnenkresse

Früher waren Saiblinge in Bayern für den königlichen Hof reserviert. Auch heute ist oft schwer, welche zu bekommen. Besonders gerne mag ich Saiblinge vom Walchensee.

Für 4 Personen:	
4	*Saiblinge von je etwa 300 g*
80 g	*Salatgurke*
150 g	*Steinpilze*
4	*Frühlingszwiebeln*
1	*Bund Brunnenkresse*
40 g	*Butter*
20 ml	*Pflanzenöl*
	Salz
	frisch gemahlener schwarzer
	Pfeffer
150 ml	*Fischfond (Rezept Seite 14)*
20 ml	*trockener Weißwein*
40 g	*Sahne*
	Cayennepfeffer
	etwas Zitronensaft
Arbeitsaufwand:	
	etwa 1 Stunde
Garzeit:	
	etwa 10 Minuten

1. Die Saiblinge filetieren, von der Haut und den Gräten befreien (siehe Seite 10).

2. Das Gurkenstück schälen, der Länge nach halbieren und die Kerne herauskratzen. Die Gurke in Stifte von etwa 4 cm Länge und 1/2 cm Dicke schneiden. Die Steinpilze putzen und in Scheiben von etwa 1/2 cm Dicke schneiden. Die Frühlingszwiebeln putzen und in feine Scheiben schneiden. Die Brunnenkresse waschen, die Blättchen abzupfen und auf ein Tuch legen.

3. 20 g Butter und das Öl in einer Pfanne erhitzen. Die Saiblingfilets darin von jeder Seite etwa 1 Minute braten, sie sollen innen rosa bleiben. Die Filets salzen und pfeffern, aus der Pfanne nehmen und warm halten.

4. Die Gurke und die Steinpilze in die Pfanne geben, mit Salz und Pfeffer würzen und etwa 1 Minute anbraten. Dabei die Pfanne mehrmals schwenken.

5. Gleichzeitig den Fischfond mit dem Weißwein in einem Topf bei mittlerer Hitze auf etwa 100 ml reduzieren. Die Sahne untermischen. Die restliche Butter in Stücke schneiden und mit einem Schneebesen unter die Sauce mischen. Die Gurke und die Pilze untermischen.

6. Die Sauce mit Cayennepfeffer würzen, mit dem Zitronensaft verfeinern und die Brunnenkresseblätter untermischen.

7. Die Saiblingfilets auf vorgewärmten Tellern mit der Sauce anrichten.

Meine Tips:

Als Getränk paßt am besten: Riesling/Württemberg von Robert Bauer. Kaufen Sie möglichst einen Saibling aus freien Gewässern, er schmeckt unvergleichlich besser als ein Zuchtsaibling.

Hauptgerichte mit Meeresfischen und Krustentieren

Sie leben vielfältig und artenreich in den Meeren und sind besonders gesund, denn sie enthalten viel Jod. Salzwasserfische und Krustentiere haben an sich schon einen so ausgeprägten Geschmack, daß sie sich besonders für sehr einfache Zubereitungsarten wie Grillen und Braten eignen. Und mit raffinierten Zutaten gegart, läßt sich das Aroma natürlich noch verfeinern. Versuchen Sie Heringe mit breiten Bohnen und Brotsauce, Heilbutt mit Lauch und Shiitake-Pilzen oder Hummer mit Artischocken, Blumenkohl und Petersilie.

Schollenfilets mit Kartoffel-Speck-Linsen-Kruste und Zwiebelsauce

Am allerbesten mit Mai-Schollen!

Für 4 Personen:	
50 g	grüne Linsen
150 ml	Wasser
	Salz
4	Schollen von je etwa 400 g
	frisch gemahlener schwarzer Pfeffer
1	kleines Bund Petersilie
240 g	gekochte mehligkochende Kartoffeln
40 g	durchwachsener Speck
1	Eigelb
1	Zwiebel von etwa 100 g
80 g	Butter
100 ml	trockener Weißwein
150 ml	Fischfond (Rezept Seite 14)
	etwas Mehl zum Bestäuben
Arbeitsaufwand:	
	etwa 45 Minuten
Garzeit:	
	etwa 30 Minuten

1. Die Linsen mit dem Wasser und Salz in einem Topf aufkochen und zugedeckt bei mittlerer Hitze weich kochen.

2. Inzwischen die Schollen filetieren, von der Haut befreien (siehe Seite 12) und mit Salz und Pfeffer würzen. Die Petersilie waschen, trockenschwenken und ohne die Stiele fein hacken. Die dickeren Schollenfilets mit der Hälfte der Petersilie bestreuen, die dünneren Filets darauf legen.

3. Die Kartoffeln schälen und durch die Kartoffelpresse drücken oder durch ein Sieb streichen.

4. Den Speck in feine Würfel schneiden, dann mit den Linsen unter das Kartoffelpüree mischen. Die Masse mit Salz und Pfeffer würzen. Das Eigelb gründlich untermischen. Diese Masse gleichmäßig auf den Schollenfilets verstreichen.

5. Die Zwiebel schälen und fein würfeln. 20 g Butter zerlassen und die Zwiebel darin bei mittlerer Hitze schön bräunen. Den Weißwein und den Fischfond angießen und bei schwacher Hitze etwa 15 Minuten köcheln lassen.

6. Weitere 20 g Butter in einer Pfanne erhitzen. Die Schollenfilets mit etwas Mehl bestäuben und mit der Kartoffelmasse nach unten in die Pfanne legen. Die Filets bei mittlerer Hitze etwa 5 Minuten braten, dann wenden und noch einmal etwa 3 Minuten bei schwacher Hitze braten.

7. Die restliche Butter in Stücke schneiden und mit einem Schneebesen unter die Zwiebelsauce schlagen. Die restliche Petersilie untermischen.

8. Die Schollenfilets auf vorgewärmte Teller geben und mit der Sauce überziehen.

Meine Tips:

Als Getränk paßt am besten: Weißburgunder/Nahe von Guldenbachhof.
Die Scholle ist ein ovaler Plattfisch mit bräunlicher Oberfläche und orangefarbenen Flecken. Schollen kommen in der Nordsee, in der Ostsee und im Atlantik vor. Saison haben sie das ganze Jahr über. Nach dem Einkauf Schollen immer schnell verbrauchen, sie sind sehr leicht verderblich.

Heringe mit breiten Bohnen und Brotsauce

Hering ist relativ billig und schmeckt trotzdem ganz ausgezeichnet.

Für 4 Personen:	
4	Heringe von je 180–200 g
40 g	rote Zwiebeln
50 g	altbackenes dunkles Brot
40 g	Butter
50 ml	trockener Weißwein
300 ml	Gemüsefond (Rezept Seite 15)
300 ml	Fischfond (Rezept Seite 14)
160 g	breite Bohnen
	Salz
20 ml	Wasser
10 ml	Pflanzenöl
1 Teel.	Estragonblättchen
Arbeitsaufwand:	
	etwa 1 Stunde
Garzeit:	
	etwa 20 Minuten

1. Die Heringe filetieren und von der Haut befreien (siehe Seite 10).

2. Die Zwiebeln schälen und in Streifen schneiden. Das Brot kleinschneiden. 30 g Butter in einer Pfanne erhitzen. Die Zwiebeln darin glasig schwitzen. Das Brot hinzufügen und leicht anrösten.

3. Den Weißwein, den Gemüsefond und den Fischfond angießen und die Sauce zugedeckt bei schwacher Hitze etwa 10 Minuten köcheln lassen.

4. Inzwischen die breiten Bohnen putzen und waschen. Die Bohnen schräg in Stücke schneiden und in reichlich kochendem Salzwasser etwa 8 Minuten garen, bis sie bißfest sind. Dann kalt abschrecken, abtropfen lassen und offen in den restlichen 10 g Butter und dem Wasser noch einmal erwärmen.

5. Das Öl in einer Pfanne erhitzen. Die Heringsfilets darin bei starker Hitze auf jeder Seite knapp 1 Minute braten. Dann auf Küchenpapier kurz abtropfen lassen.

6. Den Estragon unter die Brotsauce mischen. Die Sauce mit Salz abschmecken. Mit der Sauce einen Spiegel auf vorgewärmte Teller gießen. Die Filets darauf setzen, die Bohnen dazugeben.

Meine Tips:

Als Getränk paßt am besten:
Pinot noir/Elsaß von Trimbach.
Heringe kann man das ganze Jahr über kaufen. Besonders gut schmecken sie aber von April bis Juni mit Laich, der ganz kurz mitgebraten wird.

ALSACE
TRIMBACH
RIBEAUVILLÉ

Seehecht-Rouladen auf Senfsauce

Konsistenz und Geschmack von Seehecht bleiben durch das Pochieren im Aromadampf besonders gut erhalten.

Für 4 Personen:	
1	*Seehecht von 1–1,2 kg*
4	*Lauchblätter von etwa 30 cm Länge und 4 1/2 cm Breite*
	Salz
1	*Schalotte*
2	*Tomaten*
	frisch gemahlener schwarzer Pfeffer
100 ml	*Fischfond (Rezept Seite 14; am besten vom Seehecht)*
40 ml	*trockener Weißwein*
1/2 Eßl.	*Senfkörner*
40 g	*kalte Butter*
1 Teel.	*Senf*
	einige Blätter Sauerampfer
Für den Aromadampf:	
1 l	*Wasser*
1	*Lorbeerblatt*
2	*Knoblauchzehen mit Haut, leicht angedrückt*
1 Eßl.	*schwarze Pfefferkörner*
1	*Gewürznelke*
1 Teel.	*Korianderkörner*
1	*Thymianzweig*
1	*Handvoll frische Kräuterstengel*
Arbeitsaufwand:	
	etwa 1 Stunde
Garzeit:	
	etwa 10 Minuten

1. Den Seehecht filetieren, von der Haut und den Gräten befreien (siehe Seite 10). Die Filets dann quer in etwa 1 cm dicke und etwa 4 cm breite Stücke schneiden.

2. Die Lauchblätter etwa 1/2 Minute in kochendem Salzwasser blanchieren. Dann kalt abschrecken und auf Küchenpapier abtropfen lassen.

3. Die Schalotte schälen und fein schneiden. Die Tomaten mit kochendem Wasser überbrühen, kurz darin ziehen lassen, kalt abschrecken und häuten. Die Tomaten in kleine Würfel schneiden, dabei die Kerne entfernen.

4. Die Lauchblätter mit den Fischstücken belegen und mit Salz und Pfeffer würzen. Die Lauchblätter aufrollen und mit Rouladennadeln feststecken.

5. Für den Aromadampf in einem Topf mit Dämpfeinsatz das Wasser mit den Gewürzen und den Kräutern mischen und zum Kochen bringen.

6. Die Seehecht-Rouladen in den Dämpfeinsatz geben und zugedeckt über dem heißen Dampf bei mittlerer Hitze 4–5 Minuten garen.

7. Inzwischen den Fischfond mit dem Weißwein, der Schalotte und den Senfkörnern in einen Topf geben und bei mittlerer Hitze unter Rühren auf etwa die Hälfte reduzieren. Die kalte Butter in Stücke schneiden und unterschlagen. Die Sauce mit dem Mixstab aufmixen. Den Senf unterrühren. Die Tomatenwürfel untermischen und die Sauce jetzt nicht mehr kochen lassen.

8. Mit der Sauce auf vorgewärmten Tellern einen Spiegel gießen. Je 1 Seehecht-Roulade darauf anrichten und mit Sauerampfer garnieren.

Meine Tips:

Als Getränk paßt am besten: Riesling Kabinett trocken/Rheingau von Schloß Vollrads.
Der Seehecht kommt aus dem Mittelmeer und aus dem Atlantik. Sie können den länglichen, grauschwarzen Fisch mit den feinen Schuppen und dem weißen Fleisch das ganze Jahr über kaufen. Seehecht hat einen sehr feinen Geschmack. Die ideale Größe liegt zwischen 50 und 80 cm.
Für dieses Rezept können Sie alle Weißfische – zum Beispiel Seelachs, Kabeljau und Wittling – verwenden.

Kabeljau mit Sprotten im Romanasalat geschmort auf Kartoffelsauce

Der beliebte Kabeljau – einmal ganz anders zubereitet!

Für 4 Personen:	
600 g	*Kabeljaufilets*
6	*Sprotten*
	Salz
	frisch gemahlener schwarzer
	Pfeffer
12	*große Romanasalatblätter*
1	*Schalotte*
1	*Knoblauchzehe*
30 g	*Knollensellerie*
30 g	*Möhren*
75 g	*Butter*
150 ml	*Fischfond (Rezept Seite 14)*
40 ml	*trockener Weißwein*
60 g	*gekochte mehligkochende*
	Kartoffeln
20 ml	*Pflanzenöl*
8	*Sauerampferblätter*
Arbeitsaufwand:	
	etwa 1 Stunde
Garzeit:	
	etwa 30 Minuten

1. Die Kabeljaufilets in Würfel von etwa 1 cm Größe schneiden. Die Sprotten filetieren und in kleine Stücke schneiden (siehe Seite 10). Den Kabeljau mit den Sprotten mischen und mit Salz und Pfeffer würzen.

2. Die Romanasalatblätter etwa 1/2 Minute in reichlich kochendem Salzwasser blanchieren, dann kalt abschrecken und auf Küchenpapier abtropfen lassen.

3. Jeweils 2 Salatblätter nebeneinander legen. In der Mitte eine Portion Fisch anrichten und mit 1 weiteren Salatblatt abdecken. Die Blätter zu einem Päckchen zusammenfalten.

4. Für die Sauce die Schalotte, den Knoblauch, den Sellerie und die Möhren schälen und fein würfeln. In 20 g Butter anschwitzen und mit Salz und Pfeffer würzen. Den Fischfond und den Wein angießen und die Sauce bei mittlerer bis schwacher Hitze etwa 15 Minuten köcheln lassen.

5. Inzwischen die Kartoffeln schälen und durch die Kartoffelpresse oder durch ein Sieb drücken. Die Kartoffeln unter die Sauce mischen. 40 g Butter in kleine Stücke schneiden und mit einem Schneebesen unterschlagen. Wenn die Sauce zu dickflüssig ist, mit etwas Wasser verdünnen.

6. Die restliche Butter mit dem Öl in einer Pfanne erhitzen. Die Fischpäckchen hineinlegen und zugedeckt bei mittlerer Hitze 7–8 Minuten garen.

7. Inzwischen die Sauerampferblätter waschen, trockentupfen, in feine Streifen schneiden und unter die Sauce mischen.

8. Die Fischpäckchen auf vorgewärmten Tellern anrichten und mit der Sauce überziehen.

Meine Tips:

Als Getränk paßt am besten: Deidesheimer Kieselberg Riesling/Rheinpfalz von Reichsrat von Buhl.
Kabeljau kommt aus der Nordsee, der Ostsee und sämtlichen Nordmeeren. Sie können ihn das ganze Jahr über kaufen. Kabeljau hat eine gelbbraune bis olivfarbene Oberfläche mit hellen Seitenstreifen. Junger Kabeljau wird Dorsch genannt. Kabeljau ist leicht verderblich.
Wenn Sie einmal keine Sprotten bekommen, nehmen Sie statt dessen gute Ölsardinen.

GASTHAUS
GLOCKENBACH

Rotzungen im Ganzen gebraten mit dunkler Fischsauce

Die Rotzunge hat einen eher schwachen, aber sehr feinen Geschmack und harmoniert gut mit einer kräftigen Sauce.

Für 4 Personen:	
4	*Rotzungen von je etwa 350 g*
40 g	*Zwiebeln*
20 g	*Knollensellerie*
20 g	*Petersilienwurzeln*
20 g	*Möhren*
70 g	*Butter*
20 ml	*Sherryessig*
150 ml	*Fischfond (Rezept Seite 14)*
50 ml	*brauner Kalbsfond (selbstgekocht oder aus dem Glas)*
100 ml	*trockener Weißwein*
2	*Chicoréestauden*
20 ml	*Pflanzenöl*
2 Teel.	*Zucker*
Arbeitsaufwand:	
	etwa 40 Minuten
Garzeit:	
	etwa 20 Minuten

1. Die Köpfe, die Seiten- und die Schwanzflossen von den Rotzungen mit einer Fischschere abschneiden. Die Seiten mit einem kleinen Messer schuppen. Die Fische waschen und abtrocknen.

2. Von der braunen Seite her die Gräte ausschneiden, so daß die Fische auf der weißen Seite und an den Seiten ganz bleiben.

3. Die Zwiebeln, den Sellerie, die Petersilienwurzeln und die Möhren putzen, schälen und fein würfeln. In einem Topf 20 g Butter erhitzen. Das Gemüse hinzufügen und unter Rühren anschwitzen, bis es gebräunt ist. Mit dem Essig ablöschen. Den Fischfond, den Kalbsfond und den Weißwein angießen. Die Sauce bei mittlerer bis schwacher Hitze auf etwa 200 ml einkochen lassen. Dabei immer wieder rühren.

4. Inzwischen den Chicorée putzen, waschen und in Stücke schneiden.

5. Die Sauce durch ein Spitzsieb gießen und das Gemüse gut ausdrücken. Die Sauce wieder in den Topf geben und erwärmen. 20 g kalte Butter in kleine Stücke schneiden und unterschlagen.

6. In einer großen Pfanne das Öl mit 15 g Butter erhitzen und die Rotzungen darin bei mittlerer Hitze auf der braunen Seite etwa 4, auf der weißen Seite 2 Minuten braten.

7. Gleichzeitig den Chicorée mit der übrigen Butter und dem Zucker in einem Topf unter Rühren bei mittlerer Hitze garen, bis er bißfest und gebräunt ist.

8. Die Sauce und den Chicorée auf vorgewärmten Tellern verteilen. Die Rotzungen daraufgeben und servieren.

Meine Tips:

Als Getränk paßt am besten: Domaine du grand Mouton Muscadet/Loire von Louis Metaireau.
Die Rotzunge, ein Plattfisch, kommt aus der Nordsee und aus dem Atlantik. Sie sieht ähnlich aus wie die Seezunge, hat aber einen kürzeren, etwas breiteren Körper und einen spitzen Kopf. Sie können Rotzungen das ganze Jahr über kaufen.
Statt dem Sherryessig können Sie auch guten Aceto balsamico verwenden.

Wolfsbarschfilets mit Thymian in Olivenöl gebraten

Leider wird Wolfsbarsch immer seltener und dadurch auch immer teurer.

Für 4 Personen:	
1	Wolfsbarsch von 1,3–1,5 kg
	oder 2 kleinere Fische von je
	etwa 700 g
4	Schalotten
2	Knoblauchzehen
2	kleine Kartoffeln
	Salz
	frisch gemahlener schwarzer
	Pfeffer
100 ml	Olivenöl
1	Eigelb
2	Zucchini
10	schwarze Oliven
4	Tomaten
150 ml	Fischfond (Rezept Seite 14)
16	Thymianzweige
40 g	Butter
	etwas Aceto balsamico
Arbeitsaufwand:	
	etwa 1 1/4 Stunden
Garzeit:	
	etwa 1 1/4 Stunden

Der Wolfsbarsch oder Loup de mer, oft auch unter der Bezeichnung »Seewolf« zu finden, kommt aus dem Atlantik und aus dem Mittelmeer. Besonders wohlschmeckend ist der Loup de mer aus dem Mittelmeer und mit einem Gewicht zwischen 800 g und 2 kg. Wolfsbarsch hat das ganze Jahr über Saison, ist allerdings inzwischen – da die Bestände geringer werden – nicht mehr so oft im Handel.
Der feine Speisefisch eignet sich für zahlreiche, auch sehr einfache Zubereitungsarten:
So schmeckt er gegrillt ganz ausgezeichnet. Dazu den Fisch über die Kiemen ausnehmen (wie auf Seite 11 ausführlich beschrieben) und mit getrocknetem Fenchel füllen. Dann salzen und pfeffern und mit etwas Öl bestrichen grillen.

Auch in der Pfanne gebraten schmeckt er sehr fein. Dazu paßt dann eine Pernod- oder Anissauce.
Oder Sie versuchen einmal Seewolf in der Salzkruste, ebenfalls über die Kiemen ausgenommen und mit Fenchelgrün oder anderen Kräutern gefüllt.
Zum Pochieren den geschuppten, ausgenommenen Fisch mit gutem Olivenöl in einen Bratschlauch (Bratfolie) geben und pro Seite etwa 5 Minuten pochieren. Dazu Pesto oder eine Tapenade, eine französische Olivenpaste, reichen.
Statt mit Thymian, wie im Rezept beschrieben, schmeckt der Fisch auch mit Rosmarinnadeln gespickt.
Als Getränk paßt zu diesem Gericht am besten ein Meursault/Burgund von Faiveley.

1. Den Wolfsbarsch schuppen, filetieren und von den Gräten befreien. Die Filets in Portionen schneiden.

2. Die Schalotten, die Knoblauchzehen und die Kartoffeln auf ein Stück Alufolie legen und mit Salz und Pfeffer würzen. Etwa 30 g Olivenöl angießen. Die Folie schließen und alles im Backofen bei 180° etwa 1 Stunde garen. Schälen und im Mixer fein zerkleinern. Das Eigelb unterrühren.

3. Die Zucchini waschen, putzen und in etwa 1 cm dicke Scheiben schneiden. Die Oliven vierteln, dabei von den Steinen befreien.

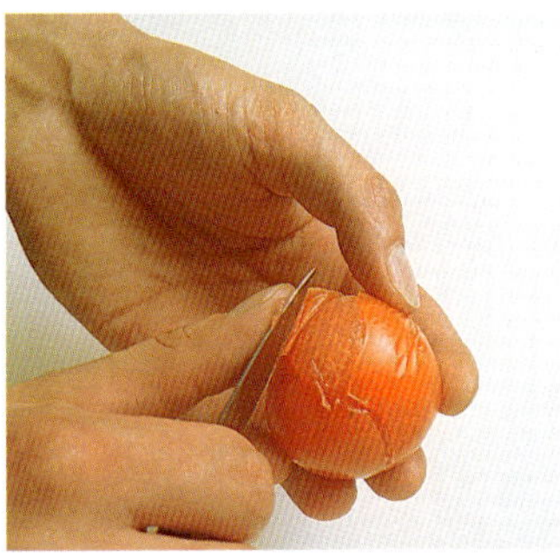

4. Die Tomaten mit kochendem Wasser überbrühen, kurz darin ziehen lassen, kalt abschrecken und häuten. Die Tomaten fein würfeln, dabei die Kerne entfernen. Die Kerne mit dem Fischfond mischen.

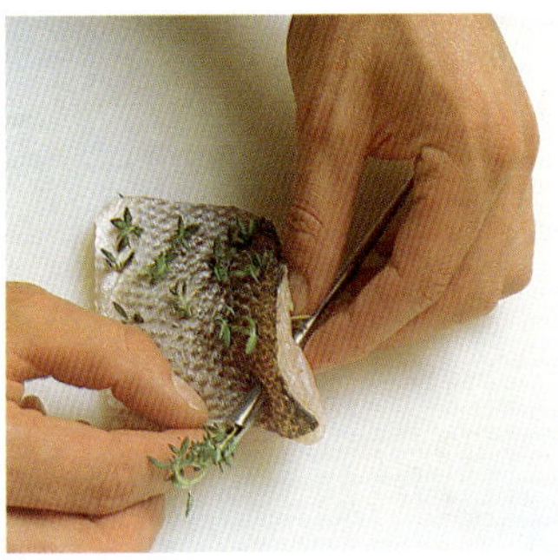

5. Die Wolfsbarschstücke mit einer Fleischnadel mit Thymianzweigen von oben nach unten spicken. Dabei die Zweige oben etwa 2 cm überstehen lassen. Die restlichen Thymianblättchen von den Stielen streifen.

6. 40 g Öl mit 20 g Butter erhitzen und aufschäumen lassen. Den Wolfsbarsch mit der Hautseite nach unten einlegen und bei mittlerer Hitze etwa 2 Minuten braten. Umdrehen und mit Salz und Pfeffer würzen. Die Tomatenwürfel hinzufügen und den Fisch noch einmal etwa 2 Minuten garen.

7. Gleichzeitig die Zucchinischeiben in einer Pfanne in 30 ml Öl etwa 1 Minute lang anbraten, herausnehmen, mit der Schalottenmasse bedecken und in eine feuerfeste Form geben. Die Zucchini unter dem Grill etwa 2 Minuten überbacken, bis die Schalottenmasse leicht gebräunt ist.

8. Den Wolfsbarsch aus der Pfanne nehmen und warm stellen.

9. Den Fond zu den Tomaten geben. Die Flüssigkeit kurz kochen lassen, dann die abgestreiften Thymianblättchen untermischen. Die restliche Butter in Stücke schneiden und unterschlagen. Zum Schluß die Oliven untermischen und die Sauce mit dem Aceto balsamico abschmecken.

10. Auf vorgewärmten Tellern einen Saucenspiegel gießen. Den Wolfsbarsch in die Mitte setzen und die gratinierten Zucchinischeiben drumherum anrichten.

Heilbutt mit Lauch und Shiitake-Pilzen

Heilbutt läßt sich ausgesprochen vielseitig zubereiten.

Für 4 Personen:	
1	*kleiner weißer Heilbutt von*
	1,2–1,4 kg, ersatzweise 600 g
	Heilbutt in Scheiben
	Salz
	frisch gemahlener schwarzer
	Pfeffer
80 g	*Lauch*
100 g	*frische Shiitake-Pilze*
1	*Bund Schnittlauch*
150 ml	*Fischfond (Rezept Seite 14;*
	am besten vom Heilbutt)
150 g	*Sahne*
	Cayennepfeffer
Arbeitsaufwand:	
	etwa 45 Minuten
Garzeit:	
	etwa 15 Minuten

1. Den Heilbutt filetieren und von den Gräten befreien (siehe Seite 10). Die Fischfilets in Portionen schneiden und mit Salz und Pfeffer würzen.

2. Den Lauch waschen, putzen und in etwa 5 cm lange und 1 cm breite Streifen, die Shiitake-Pilze in etwa 3 mm dünne Scheiben schneiden. Den Schnittlauch waschen, trockentupfen und in etwa 1 cm lange Stücke schneiden.

3. Den Fischfond in einer großen Pfanne mit Deckel erhitzen. Den Heilbutt einlegen und zugedeckt bei mittlerer Hitze 2–3 Minuten garen. Dann wenden. Den Lauch, die Pilze und die Sahne dazugeben und den Fisch zugedeckt bei mittlerer Hitze noch einmal etwa 2 Minuten garen. Dann aus der Pfanne nehmen und warm halten.

4. Die Sauce offen bei mittlerer Hitze auf etwa die Hälfte reduzieren, mit Salz und Cayennepfeffer würzen.

5. Den Fisch auf vorgewärmten Tellern anrichten und mit dem Lauch-Pilz-Ragout überziehen. Mit dem Schnittlauch bestreut servieren.

Meine Tips:

Als Getränk paßt am besten:
Vernaccia di San Gimignano Riserva/
Toskana von Strozzi.
Heilbutt kommt aus der Nordsee und aus dem Atlantik. Sie können den größten der Plattfische das ganze Jahr über kaufen. Der Heilbutt hat eine graue bis olivgraue Oberseite und eine helle Unterseite.
Statt Shiitake-Pilzen können Sie für dieses Gericht auch frische Steinpilze verwenden.

Seeteufel mit Calamare gespickt

Im Stück gebraten ist der Seeteufel ein reiner Genuß!

Für 2 Personen:	
1	*Seeteufel (Lotte) von 400–500 g*
50 g	*Calamare*
2	*große Tomaten von je etwa 100 g*
100 g	*junger Knoblauch*
60 ml	*Olivenöl*
	Salz
	frisch gemahlener schwarzer Pfeffer
6	*Basilikumblätter*
Arbeitsaufwand:	
	etwa 30 Minuten
Garzeit:	
	etwa 15 Minuten

1. Den Seeteufel häuten und filetieren. Dazu die Haut mit einem kräftigen Ruck abziehen und die Filets vom Mittelknochen schneiden.

2. Die Calamare waschen und in Streifen von etwa 7 cm Länge und 1/2 cm Dicke schneiden. Die Seeteufelfilets mit einer Spicknadel mit den Calamarestreifen spicken und kalt stellen.

3. Den Backofen auf 150° vorheizen.

4. Die Tomaten mit kochendem Wasser überbrühen, kurz darin ziehen lassen, kalt abschrecken und häuten. Die Tomaten in etwa 1 cm dicke Scheiben schneiden und in eine feuerfeste Form geben. Die Knoblauchzehen schälen und ebenfalls in Scheiben schneiden. Dann mit 40 ml Olivenöl zu den Tomaten geben.

5. Die Tomaten im heißen Ofen (Mitte) etwa 15 Minuten garen.

6. Inzwischen das restliche Öl in einer Pfanne erhitzen. Die Seeteufelfilets mit Salz und Pfeffer würzen und in dem Öl bei mittlerer Hitze 5–7 Minuten braten, bis sie schön gebräunt sind. Das Basilikum in Streifen schneiden.

7. Die Tomaten und die Knoblauchscheiben nebeneinander auf vorgewärmten Tellern anrichten. Die Seeteufelfilets und die Basilikumstreifen dazugeben und mit dem Bratfond beträufeln.

Meine Tips:

Als Getränk paßt am besten:
Il Marzocco Chardonnay/Toskana von Avignonesi.
Der Seeteufel kommt aus dem Mittelmeer und dem Atlantik. Seeteufel haben einen so häßlichen, breiten Kopf, daß sie nur ohne ihn verkauft werden. Der Seeteufel hat keine Gräten, sondern nur einen Mittelknochen, von dem sich die Filets leicht ablösen lassen, sein Fleisch ist fast weiß.

Rotbarben mit Fenchel und gefüllten Tomaten

An warmen Tagen paßt zu den Rotbarben auch ein Salat aus rohem Fenchel.

Für 4 Personen:	
600 g	Fenchel (2–3 Knollen)
	Salz
	frisch gemahlener schwarzer Pfeffer
140 ml	Olivenöl
4	gleich große Tomaten
1	Schalotte
2	Knoblauchzehen
2	kleine rohe Kartoffeln
1/2 l	Wasser
8	Rotbarben von je 150–200 g
20–40 g	kalte Butter
1 g	Safran
4	gekochte Kartoffeln
40 g	Sahne
Arbeitsaufwand:	
	etwa 1 1/2 Stunden
Garzeit:	
	etwa 1 1/4 Stunden

1. Die Fenchelknollen putzen und waschen, dann je nach Größe vierteln oder sechsteln. Die Strünke und die äußeren Blätter für den Fond, das zarte Fenchelgrün für die Füllung beiseite legen.

2. Die Fenchelstücke mit Salz und Pfeffer würzen und mit 40 ml Olivenöl in eine feuerfeste Form geben. Den Fenchel im Backofen (Mitte) bei 180° etwa 45 Minuten garen, bis er leicht gebräunt ist. Dabei einmal wenden.

3. Die Tomaten mit kochendem Wasser überbrühen, kurz darin ziehen lassen, kalt abschrecken und häuten. Die Tomaten vom Strunk her mit einem Löffel aushöhlen, die Kerne beiseite stellen.

4. Die Fenchelstrünke und die äußeren Blätter waschen und kleinschneiden. Die Schalotte, den Knoblauch und die rohen Kartoffeln schälen, von den Kartoffeln 4 Scheiben in der Größe der Tomaten abschneiden und beiseite legen. Alle diese Zutaten mit den Tomatenschalen und den ausgehöhlten Kernen in 40 ml Olivenöl anschwitzen. Mit dem Wasser aufgießen und bei schwacher Hitze etwa 45 Minuten köcheln lassen.

5. Diesen Fenchelfond durch ein Spitzsieb gießen und das Gemüse ausdrücken.

6. Die Rotbarben schuppen und ausnehmen. Die Kiemen herauslösen. Die Fische filetieren, den Kopf dabei daranlassen. Siehe auch Seite 10. Die Bauch- und die Mittelgräte mit einer Pinzette auszupfen.

7. Für die Füllung der Tomaten die gekochten Kartoffeln schälen und durch ein Sieb streichen. Die Sahne untermischen. Das Fenchelgrün hacken und untermengen, mit Salz und Pfeffer abschmecken und in die Tomaten füllen. Die Tomaten jeweils mit 1 rohen Kartoffelscheibe abdecken. 40 ml Olivenöl auf ein Backblech gießen. Die Tomaten mit der Kartoffelscheibe nach unten darauf setzen und im heißen Ofen (Mitte) bei 200° etwa 15 Minuten braten. Dabei immer wieder mit dem Bratfond übergießen.

8. Den passierten Fenchelfond aufkochen. Die kalte Butter in Stücke schneiden. Je nach Konsistenz die halbe oder die ganze Butter unter die Sauce schlagen. Mit dem Safran abschmecken.

9. Das restliche Olivenöl in einer Pfanne erhitzen. Die Rotbarben mit Salz und Pfeffer würzen und mit der Hautseite nach unten in die Pfanne legen. Die Fische etwa 1 Minute bei starker Hitze braten, dann vorsichtig wenden und noch einmal etwa 1 Minute bei schwacher Hitze braten.

10. Die Fenchelsauce auf die Tellermitte geben. Die Rotbarben darauf anrichten und mit 1 Tomate und je 2 Fenchelstücken garnieren.

Meine Tips:

Als Getränk paßt am besten: Gavi di Gavi von Cantina della Porta Rossa. Rotbarben (Rougets) kommen aus dem Mittelmeer und aus dem Atlantik und leben bevorzugt vor Felsenküsten. Sie sind rosa bis rötlich gefärbt und glänzend. Die Fische sind das ganze Jahr über erhältlich. Die besten Rougets sollten nicht länger als 20 cm sein. Rougets haben einen sehr intensiven Geschmack. Sie kommen leider inzwischen sehr selten vor.

Rosette von der Seezunge mit Pilzen

Statt Champignons schmecken auch Steinpilze oder frische Shiitake.

Für 4 Personen:	
4	*Seezungen von je etwa 400 g*
	Salz
	frisch gemahlener schwarzer Pfeffer
4	*große Champignons*
400 g	*Spinat*
80 ml	*Fischfond (Rezept Seite 14; am besten von der Seezunge)*
20 g	*Sahne*
10 ml	*trockener Weißwein*
30 ml	*Pflanzenöl*
60 g	*kalte Butter*
	Cayennepfeffer
Arbeitsaufwand:	
	etwa 1 Stunde
Garzeit:	
	etwa 15 Minuten

1. Die Seezungen filetieren und häuten (siehe Seite 12). Die Filets mit Salz und Pfeffer würzen.

2. Die Champignons putzen und in etwa 2 mm dünne Scheiben schneiden.

3. Die Seezungenfilets mit den Champignonscheiben belegen und zu Rosetten aufrollen. Die Filetenden mit Rouladennadeln feststecken.

4. Den Spinat verlesen, gründlich waschen und in reichlich kochendem Salzwasser etwa 1 Minute blanchieren. Dann kalt abschrecken und abtropfen lassen. Für die Sauce etwa 20 g beiseite legen.

5. Den Fischfond mit der Sahne und dem Weißwein in einen Topf geben und bei mittlerer Hitze unter gelegentlichem Rühren auf etwa 60 ml reduzieren.

6. In einer Pfanne das Öl mit 20 g Butter erhitzen. Die Seezungen-Rosetten darin bei mittlerer Hitze 7–8 Minuten braten. Dabei einmal wenden. Während der letzten Minute den Spinat neben die Fischrosetten legen und mit Salz und Pfeffer würzen.

7. Den beiseite gelegten Spinat unter die eingekochte Sauce geben und einmal aufkochen. Die restliche Butter in Stücke schneiden und unter die Sauce schlagen. Mit dem Pürierstab kurz aufmixen und mit Salz und Cayennepfeffer abschmecken.

8. Mit der Sauce einen Spiegel auf vorgewärmte Teller gießen. Den Spinat in die Mitte geben und mit den Rosetten belegen.

Meine Tips:

Als Getränk paßt am besten: Pouilly Fumé/Loire von Michel Bailly.
Seezungen kommen aus der Nordsee, dem Mittelmeer und dem Atlantik. Sie können Seezungen das ganze Jahr über kaufen, am besten schmecken sie aber von September bis April. Seezungen sind länglich-ovale Plattfische mit einer braunen Oberseite und einer hellen Bauchseite. Dieser Edelfisch kann sowohl ganz einfach als auch aufwendig zubereitet werden. Sein Idealgewicht liegt zwischen 400 und 700 g. Je schwerer sich die Haut von Seezungen abziehen läßt, desto frischer ist der Fisch.
Statt Seezungen können Sie für dieses Gericht auch Rotzungen oder Schollen verwenden. Die Bratzeit ist dann etwas kürzer.

Gebratene Lachsscheiben auf Preiselbeer-Dill-Sauce

Eine ungewöhnliche, aber sehr aparte Zubereitung für Lachs.

Für 4 Personen:	
40 g	*eingekochte Preiselbeeren*
	(schwach gesüßt)
60 ml	*trockener Weißwein*
60 ml	*Fischfond (Rezept Seite 14)*
10 ml	*milder Champagneressig,*
	ersatzweise Weißweinessig
20	*mittelgroße Champignons*
80 g	*kalte Butter*
50 ml	*Wasser*
	etwas Zitronensaft
8	*Scheiben Lachs von je etwa*
	80 g (Stücke vom Filet;
	1–1 1/2 cm dick)
	Salz
	frisch gemahlener schwarzer
	Pfeffer
10 ml	*Pflanzenöl*
1 Eßl.	*Dillspitzen*
Arbeitsaufwand:	
	etwa 30 Minuten
Garzeit:	
	etwa 10 Minuten

1. Die Preiselbeeren mit dem Weißwein, dem Fischfond und dem Essig in einem Topf erhitzen und bei mittlerer Hitze unter gelegentlichem Rühren auf etwa 60 ml einkochen lassen.

2. Inzwischen die Champignons putzen und mit 20 g Butter, dem Wasser und dem Zitronensaft in einem Topf erhitzen. Die Pilze bei mittlerer Hitze zugedeckt etwa 3 Minuten garen.

3. Die Lachsscheiben mit Salz und Pfeffer würzen. Das Öl in einer Pfanne erhitzen. Die Lachsscheiben darin bei starker Hitze auf jeder Seite etwa 1/2 Minute braten.

4. Die übrigen 60 g kalte Butter in kleine Stücke schneiden und mit einem Schneebesen unter die eingekochte Flüssigkeit schlagen. Sie darf jetzt nicht mehr kochen. Die Sauce mit Salz und Pfeffer abschmecken, den Dill untermischen.

5. Einen Saucenspiegel auf vorgewärmte Teller gießen. Die Lachsscheiben darauf setzen und mit den Champignons garnieren.

Meine Tips:

Als Getränk paßt am besten: Grüner Veltliner/Wachau von Bründlmayer.
Wildlachs lebt im Atlantik, hat eine silbrig-grau-schwarze glänzende Haut und ist länger als der Zuchtlachs. Inzwischen werden die meisten Lachse gezüchtet, und es gibt große Qualitätsunterschiede. Geschmacklich ist der Wildlachs natürlich dem gezüchteten überlegen. Er wird jedoch schneller trocken, also etwas kürzer garen.
Die Lachsscheiben sollen für dieses Gericht möglichst die gleiche Dicke haben, sonst werden sie unterschiedlich schnell gar.

Redsnappers nach asiatischer Art

Dieser Fisch läßt sich sehr vielseitig zubereiten.

Für 4 Personen:	
2	*Redsnappers von je etwa 700 g*
4	*kleine Frühlingszwiebeln*
1	*Knoblauchzehe*
1	*Stück frische Ingwerwurzel von*
	etwa 5 g (ersatzweise 1/2 Teel.
	Ingwerpulver)
60 ml	*Sojaöl*
2 Teel.	*Sesamsamen*
10 ml	*Weißweinessig*
50 ml	*trockener Weißwein*
100 ml	*Fisch- oder Gemüsefond*
	(Rezepte Seite 14, 15)
	Salz
	Cayennepfeffer
1/4 Teel.	*gemahlene Kurkuma*
1 Eßl.	*Zucker*
	etwas Zitronensaft
80 g	*Sojasprossen*
60 g	*frische Shiitake-Pilze*
300 g	*Chinakohl oder Paksoi*
1/2 Teel.	*Speisestärke*
50 ml	*Wasser*
Arbeitsaufwand:	
	etwa 1 Stunde
Garzeit:	
	etwa 20 Minuten

1. Die Redsnappers schuppen, filetieren und die Gräten mit einer Pinzette auszupfen (siehe Seite 10). Aus den Abschnitten können Sie sehr gut einen Fond zubereiten. Das Rezept dazu finden Sie auf Seite 14.

2. Für die Sauce die Frühlingszwiebeln waschen, putzen und fein schneiden. Den Knoblauch schälen und hacken. Den Ingwer ebenfalls schälen und kleinschneiden.

3. 20 ml Sojaöl in einer Pfanne erhitzen. Die Frühlingszwiebeln, den Knoblauch, den Ingwer und die Sesamsamen darin anschwitzen. Mit dem Essig und dem Weißwein ablöschen, dann den Fisch- oder Gemüsefond angießen. Alles mit Salz, Cayennepfeffer, der Kurkuma, dem Zucker und dem Zitronensaft abschmecken und bei schwacher Hitze etwa 10 Minuten köcheln lassen.

4. Die Sojasprossen kalt abspülen und abtropfen lassen. Die Shiitake und den gewaschenen Chinakohl in Streifen schneiden.

5. 20 ml Sojaöl in einer Pfanne oder noch besser im Wok erhitzen. Die Sojasprossen, die Pilze und den Chinakohl hinzufügen und mit Salz abschmecken. Dann unter ständigem Rühren bei mittlerer Hitze etwa 3 Minuten garen.

6. Die Speisestärke mit dem Wasser verrühren und unter die Sauce mischen. Die Sauce noch einmal aufkochen, damit sie bindet.

7. Das restliche Öl in einer Pfanne erhitzen und die Fischfilets darin von jeder Seite bei mittlerer Hitze etwa 2 Minuten braten, bis sie leicht gebräunt sind.

8. Die Fischfilets mit der Hautseite nach oben auf vorgewärmten Tellern anrichten. Das Gemüse drumherum anrichten und mit der heißen Sauce übergießen.

Meine Tips:

Als Getränk paßt am besten:
Fumé blanc/Kalifornien von Robert Mondavi.
Der Redsnapper kommt in fast allen Fanggebieten der Welt relativ häufig vor. Sie können ihn das ganze Jahr über kaufen, er kommt ab einem Gewicht von 400 g in den Handel. Redsnappers sehen ähnlich aus wie Brassen und haben eine durchgehend rote Farbe. Je wärmer das Wasser ist, aus dem der Redsnapper kommt, desto kräftiger ist seine Farbe.
Statt dem vorgeschlagenen Gemüse schmecken auch Glasnudeln mit Lauchstreifen oder Schnittlauchstücken.

St.-Peters-Fisch mit zwei Paprikasaucen

Gut zubereitet schmecken Paprikaschoten hervorragend zu Fisch und Krustentieren.

Für 4 Personen:	
1	rote Paprikaschote
1	gelbe Paprikaschote
200 ml	Olivenöl
2	St.-Peters-Fische von je etwa 800 g
1	Schalotte
100 ml	Gemüsefond (Rezept Seite 15)
60 ml	trockener Weißwein
95 g	kalte Butter
	Salz
	frisch gemahlener schwarzer Pfeffer
8	Basilikumblätter
1/2 Eßl.	feingehackte Petersilie
30 ml	Pflanzenöl
Arbeitsaufwand:	
	etwa 45 Minuten
Garzeit:	
	etwa 35 Minuten

1. Den Backofen auf 160° vorheizen.

2. Die Paprikaschoten waschen und vierteln. Die Stielansätze und die Kerne heraustrennen. Die Schoten in einem Bräter in etwa 50 ml Olivenöl auf der Hautseite braten, bis die Haut schön braun ist und Blasen wirft.

3. Die Schoten mit dem restlichen Olivenöl mischen, in den Backofen stellen und etwa 25 Minuten garen. Die Schoten dann etwas abkühlen lassen und häuten. Die Schoten getrennt klein würfeln.

4. Während die Schoten im Ofen sind, die Fische filetieren, entgräten und von der Haut befreien (siehe Seite 10).

5. Die Schalotte schälen und fein schneiden.

6. Den Gemüsefond mit dem Weißwein und der Schalotte in einen Topf geben und bei mittlerer Hitze auf etwa die Hälfte einkochen lassen.

7. 80 g kalte Butter in kleinen Stücken mit dem Schneebesen unterschlagen. Mit Salz und Pfeffer abschmecken.

8. Die Hälfte dieser Grundsauce in einen anderen Topf füllen. Jeweils die roten und die gelben Paprikawürfel untermischen.

9. 4 Basilikumblätter in feine Streifen schneiden und unter die rote, die Petersilie unter die gelbe Sauce mischen.

10. In einer Pfanne das Pflanzenöl und die restliche Butter erhitzen. Die Fischfilets salzen und pfeffern und bei mittlerer Hitze auf jeder Seite etwa 2 Minuten braten, bis sie goldbraun sind.

11. Den Fisch auf vorgewärmten Tellern anrichten. Die Saucen jeweils an den Seiten verteilen. Mit dem restlichen Basilikum garniert servieren.

Meine Tips:

Als Getränk paßt am besten:
Poggio alle Gazze/Toskana von Marchesi Antinori.
St.-Peters-Fisch kommt aus fast allen Meeren, aber hauptsächlich aus dem Mittelmeer und dem Atlantik. Der Fisch hat ein bizzares Aussehen mit seinem großen Kopf und den langen Rückenstacheln. Sein Fleisch ist fest und weiß.
Statt St.-Peters-Fisch schmecken auch Zander und Karpfen auf diese Art zubereitet.

KE
POGGIO
ALLE GAZZE

Dorade royale nach mediterraner Art

Die Dorade royale ist der Geheimtip unter Kennern.

Für 2 Personen:	
1	Dorade royale von 600–800 g
2	mittelgroße Tomaten
1	Schalotte
2	Knoblauchzehen
1/2	kleine Fenchelknolle
1	kleiner Zucchino (etwa 100 g)
60 ml	Olivenöl
	Salz
	frisch gemahlener schwarzer
	Pfeffer
30 g	gekochte mehligkochende
	Kartoffeln
1	Zweig Thymian
60 ml	Fischfond (Rezept Seite 14)
	oder Wasser
4	Basilikumblätter
Arbeitsaufwand:	
	etwa 40 Minuten
Garzeit:	
	etwa 5 Minuten

1. Die Dorade schuppen, ausnehmen und mit dem Kopf längs halbieren. Die Bauchgräten herausschneiden. Siehe auch Seite 10.

2. Die Tomaten mit kochendem Wasser überbrühen, kurz darin ziehen lassen, kalt abschrecken und häuten. Die Tomaten in kleine Würfel schneiden, dabei die Kerne entfernen. Die Schalotte und die Knoblauchzehen schälen und fein hacken. Den Fenchel und den Zucchino putzen und waschen, dann in gleichmäßig dünne Streifen schneiden.

3. In einer flachen Schmorpfanne 40 ml Olivenöl erhitzen. Das Gemüse darin bei starker Hitze unter Rühren etwa 1 Minute anbraten. Mit Salz und Pfeffer würzen, vom Herd nehmen und etwas abkühlen lassen. Die gekochten Kartoffeln fein zerdrücken und das Gemüseragout damit binden.

4. Die Fischhälften auf beiden Seiten mit Salz und Pfeffer würzen und auf der Hautseite mit je 10 ml Olivenöl bestreichen.

5. Die Fischhälften mit der Hautseite nach oben auf das Gemüse legen. Den Thymian dazugeben, den Fischfond oder das Wasser angießen.

6. Den Fisch unter dem heißen Grill etwa 4 Minuten garen, bis die Haut leicht Farbe bekommen hat.

7. Den Fisch auf vorgewärmten Tellern anrichten. Das Gemüse mit dem Basilikum mischen und daneben verteilen.

Meine Tips:

Als Getränk paßt am besten:
Hermitage Blanc/Rhône von Jaboulet.
Die Dorade royale kommt aus dem Mittelmeer und aus dem Atlantik. Saison hat sie während der kalten Monate.
Die Dorade royale ist ein silbrig-glänzender, ovaler Fisch mit goldener Nase und schwarzen Seitenstreifen. Ihr Fleisch ist glasig bis weißlich und sehr fettarm.

Steinbutt mit Kartoffelschuppen

Für mich der beste aller Fische. Allerdings nur als ausgewachsener Fisch, nie als Baby-Steinbutt – das Fischen von so kleinen Fischen ist nicht im Sinne der Natur.

Für 4 Personen:	
600 g	*Steinbuttfilets (Karkassen mitnehmen und einen Fond daraus kochen; Rezept Seite 14)*
200 g	*festkochende Kartoffeln*
	Salz
	frisch gemahlener schwarzer Pfeffer
60 g	*Butter*
4	*Frühlingszwiebeln*
40 ml	*Pflanzenöl*
80 ml	*Fischfond (Rezept Seite 14)*
20 ml	*trockener Weißwein*
4	*kleine Thymianzweige*
Arbeitsaufwand:	
	etwa 40 Minuten
Garzeit:	
	etwa 10 Minuten

1. Die Steinbuttfilets in 4 Portionen von je etwa 150 g schneiden. Dabei können Sie auch zwei Filetenden übereinander legen.

2. Die Kartoffeln schälen und in etwa 1 mm dünne Scheiben hobeln. Dann in kochendem Wasser etwa 2 Minuten blanchieren, abgießen und erkalten lassen.

3. Die Steinbuttfilets mit Salz und Pfeffer würzen und schuppenartig mit den Kartoffelscheiben belegen. Etwa 10 g Butter zerlassen. Die Kartoffeln mit Salz und Pfeffer würzen und mit der Butter bestreichen. Kurz kühl stellen, bis die Butter wieder fest ist.

4. Die Frühlingszwiebeln putzen, waschen und in feine Scheiben schneiden.

5. In einer Pfanne das Öl und weitere 10 g Butter aufschäumen. Die Steinbuttfilets mit der Kartoffelseite nach unten einlegen und bei mittlerer Hitze etwa 3 Minuten braten, bis die Kartoffeln knusprig sind. Dann vorsichtig wenden und weitere 2 Minuten braten. Während der letzten Minute die Frühlingszwiebeln hinzufügen.

6. Den Fischfond mit dem Wein in einem Topf bei mittlerer Hitze unter Rühren auf etwa 60 ml reduzieren. Die übrige Butter in Stücke schneiden und unter die Reduktion schlagen. Die Thymianblättchen abstreifen, etwas hacken und untermischen. Die Sauce mit Salz und Pfeffer abschmecken.

7. Die Fischfilets auf vorgewärmten Tellern anrichten und mit der Sauce umgießen.

Meine Tips:

Als Getränk paßt am besten: Muscadet Nr. 1/Loire von Louis Metaireau.
Dazu schmecken gebratene Zucchinischeiben mit Tomatenwürfeln.
Der Steinbutt kommt aus dem Atlantik, dem Mittelmeer sowie der Nord- und der Ostsee. Sie können Steinbutt das ganze Jahr über kaufen, im Herbst und im Winter schmeckt er jedoch am besten. Der Steinbutt ist ein Plattfisch mit brauner Oberseite, die gelegentlich viele Narbenwarzen hat und mit weißer Bauchseite.
Der Steinbutt eignet sich ab einem Gewicht von 3 kg; das Fischfleisch ist weiß und fest.
Kopf und Gräten von Steinbutt ergeben den besten Fond.
Steinbutt schmeckt auch natur im Ofen gebraten ausgezeichnet.

Hummer mit Kartoffelpüree

Für dieses Gericht brauchen Sie einen weiblichen Hummer, da der Corail oder die Eier mitverwendet werden.

Zutaten für 2 Personen:	
1	*weiblicher lebender oder roher Hummer von etwa 600 g*
200 g	*mehligkochende Kartoffeln*
1	*kleines Bund Petersilie*
2	*Frühlingszwiebeln*
1/2	*Knoblauchzehe*
40 g	*Butter*
40 ml	*trockener Weißwein*
40 ml	*Fischfond (Rezept Seite 14)*
40 ml	*Gemüsefond (Rezept Seite 15)*
40 ml	*warme Milch*
	Salz
	frisch gemahlener schwarzer Pfeffer
Arbeitsaufwand:	
	etwa 1 Stunde
Garzeit:	
	etwa 40 Minuten

Es gibt im Handel Europäische, Amerikanische und Kanadische Hummer. Kanadische werden auch als Maine-Hummer bezeichnet; sie schmecken allerdings nicht so gut wie Europäische. Lebende, aber auch getötete rohe Kanadische Hummer sind grünlich-rostbraun. Ihr Panzer ist weich, und die Tiere sind für ihre Größe relativ leicht. Kaufen kann man sie das ganze Jahr über.

Der Europäische Hummer ist roh blauschwarz mit harter Schale. Auch er ist das ganze Jahr über zu bekommen, am besten schmeckt er aber von Juli bis September. Der Europäische Hummer kommt aus dem Mittelmeer, den Küstengebieten der Bretagne, Irlands, Schottlands und Norwegens. Ab und zu bekommt man auch Hummer aus Sylt.

Man kann Hummer auf verschiedene Arten töten. Viele kaufen sie lebend und töten sie selbst zu Hause. Dazu muß man den Hummer bis zur Zubereitung lebend im Gemüsefach des Kühlschranks (am besten in Zeitungspapier gewickelt) aufbewahren.

Dann braucht man einen großen Topf, in dem reichlich Wasser zum Kochen gebracht wird.

Um den Hummer so rasch wie möglich zu töten, das Tier unbedingt mit dem Kopf zuerst in das sprudelnd kochende Wasser geben und mindestens 1 Minute kochen. Wichtig: Den Hummer gut festhalten, damit er sich nicht dreht und der Kopf wieder aus dem Wasser ragt. Dabei auch gut aufpassen, denn er schlägt oft mit dem Schwanz und Sie können sich leicht mit dem kochendheißen Wasser überbrühen.

Eine humanere und für Sie sicher einfachere Art ist es, bereits durch Elektroschock getötete Hummer zu kaufen. Sie haben dann ebenfalls einen rohen Hummer, denn vorgekochte können Sie für die beiden Rezepte in diesem Buch nicht verwenden.

Zu diesem Gericht schmeckt am besten ein Chablis Premier Cru/Montmains von Albert Pic et Fils.

1. Etwa 2 l Wasser zum Kochen bringen. Den Hummer darin etwa 1 Minute kochen, dann in kaltem Wasser abkühlen. Die Kartoffeln zugedeckt weich kochen. Dann schälen und im warmen Ofen ausdämpfen lassen. Die Petersilie fein hacken. Die Frühlingszwiebeln in Ringe schneiden.

2. Den gekochten Hummer halbieren. Dazu den Hummer mit der Bauchseite nach unten auf ein Brett legen. Mit einer Hand gut festhalten und mit einem Messer an der kreuzförmigen Markierung des Kopfes einstechen. Dann der Länge nach durchtrennen.

3. Den Magensack entfernen und wegwerfen. Den roten Corail ebenfalls auslösen und aufbewahren. Die Eier auslösen.

4. Die Scheren an den Gelenken anschneiden und abdrehen.

5. Die Scheren an zwei oder drei Stellen mit einem Messerrücken aufschlagen, ohne das Fleisch zu verletzen.

6. Den Knoblauch hacken und in 10 g Butter anschwitzen. Die Hummerhälften mit der Schale nach unten einsetzen. Die Scheren und die Beine hinzufügen. Den Wein, den Fischfond und den Gemüsefond angießen. Den Hummer zugedeckt bei mittlerer Hitze etwa 5 Minuten garen.

7. Dann das Fleisch aus den Scheren lösen und wieder in die Pfanne legen.

8. Die warmen Kartoffeln durch die Presse drücken und mit 20 g Butter und der warmen Milch vermischen. Den Corail oder die Eier untermischen. Den Brei mit Salz und Pfeffer abschmecken und mit dem Schneebesen gut durchmischen.

9. Den Hummer aus der Sauce nehmen. Der Fond soll gut eingekocht sein. Den Fond abschmecken und die Petersilie untermischen. Die Frühlingszwiebelringe in der restlichen Butter bräunen.

10. Die Hummerkörper auf vorgewärmten Tellern anrichten. Aus dem Kartoffelbrei einen Kreis spritzen und die Scheren und den Hummerschwanz mit der Sauce in den Kreis setzen. Die Zwiebelringe darüber streuen. Mit den Hummerbeinen garnieren.

Langoustinen nach zwei Arten

Frische Langoustinen sind sehr empfindlich – also nach dem Einkauf schnell verbrauchen.

Für 2 Personen:	
10	*ganze Langoustinen von je etwa 60 g*
5	*Stangen Staudensellerie*
2	*Tomaten von je etwa 120 g*
80 g	*beliebiges Fischfilet*
	Salz
	frisch gemahlener schwarzer Pfeffer
60 g	*Sahne*
30 ml	*Olivenöl*
35 g	*Butter*
1	*Knoblauchzehe*
15 g	*Anissamen*
20 ml	*Wermuth*
50 ml	*trockener Weißwein*
150 ml	*Gemüsefond (Rezept Seite 15)*

Arbeitsaufwand:

etwa 1 Stunde

Garzeit:

etwa 25 Minuten

1. Von den Langoustinen die Schwänze und die Scheren mit den Gelenken abtrennen. Dann die Panzer vom Körper nach oben wegziehen.

2. Die Langoustinenschwänze der Länge nach halbieren und den dunklen, fadenförmigen Darm heraustrennen. Die Scheren mit einem Messerrücken leicht anklopfen, ohne sie zu zerbrechen und das Fleisch zu verletzen.

3. Den Staudensellerie waschen, putzen und in etwa 1/2 cm große Würfel schneiden. Die Tomaten mit kochendem Wasser überbrühen, kurz darin ziehen lassen, kalt abschrecken und häuten. Die Tomaten in kleine Würfel schneiden, dabei die Kerne entfernen.

4. Für die Farce 4 Langoustinenschwänze und das Fischfilet mit Salz und Pfeffer würzen und grob zerschneiden. Dann in der Küchenmaschine fein zerkleinern. Die Sahne in drei Portionen untermischen, dabei jeweils gut durchmixen. Die Masse abschmecken und in einen Spritzbeutel füllen. Die Panzer damit füllen.

5. Das Öl und 20 g Butter in einem Topf erhitzen. Die Langoustinenscheren darin bei mittlerer Hitze etwa 2 Minuten anbraten. Den Sellerie und die Knoblauchzehe mit der Schale zugeben und alles weitere 2 Minuten garen. Dann die Tomaten und den Anis dazugeben. Mit Salz und Pfeffer abschmecken und noch einmal etwa 3 Minuten garen. Dann den Wermuth, den Weißwein und den Gemüsefond angießen und bei schwacher Hitze in etwa 12 Minuten sämig einkochen lassen. Die Sauce wird gebunden, weil das Gemüse zerfällt.

6. Inzwischen den Backofen auf 180–200° vorheizen.

7. Die restliche Butter in einer Pfanne zerlassen. Die gefüllten Panzer mit der Füllung nach unten hineinlegen. Dann im heißen Ofen etwa 5 Minuten garen. Die letzten 2 Minuten die übrigen Langoustinenschwänze dazugeben und mitgaren.

8. Die gefüllten Langoustinenpanzer und die -schwänze auf vorgewärmten Tellern anrichten und mit der Gemüsesauce garnieren.

Meine Tips:

Als Getränk paßt am besten: Chardonnay/Wachau von Bründlmayer.

Langoustinen kommen aus der Nordsee, dem Atlantik und dem Mittelmeer. Saison haben sie im Frühling und im Sommer. Sie haben einen langen, zartrosa gefärbten Körper und lange, schmale und harte Scheren.

Aus den Körpern und den Gelenken der Langoustinen können Sie mit etwa 300 ml Wasser einen guten Fond kochen.

Wenn Sie einmal wenig Zeit haben, nehmen Sie die doppelte Menge Gemüsefond und pochieren die Langoustinen darin.

Langustenhälften mit wildem Reis in Aromaten gedünstet

Eine Köstlichkeit unter den Krustentieren. Als Garnitur passen Zuckerschoten besonders gut.

Für 2 Personen:	
1 Eßl.	schwarze Pfefferkörner
1	Stück frischer Ingwer
1	Teel. Korianderkörner
1	lebende oder rohe Languste
	von 600–800 g
60 g	wilder Reis
	Salz
1	Schalotte
1/4	unbehandelte Orange
20 g	Butter
20 ml	trockener Weißwein
10 ml	Zitronensaft
150 ml	Gemüsefond (Rezept Seite 15)
4	Blatt Zitronenmelisse
Arbeitsaufwand:	
	etwa 30 Minuten
Garzeit:	
	etwa 50 Minuten

1. In einem Topf reichlich Wasser mit den Pfefferkörnern, dem Ingwer und dem Koriander zum Kochen bringen. Die Languste darin etwa 3 Minuten kochen lassen.

2. Die Languste aus dem Wasser nehmen. Den Sud abkühlen lassen, die Languste dann wieder einlegen.

3. Den wilden Reis in einem Sieb gründlich waschen, mit 1/2 l Wasser und Salz in einem Topf zum Kochen bringen und anschließend bei schwacher bis mittlerer Hitze zugedeckt garen, bis er weich und aufgesprungen ist.

4. Die Schalotte schälen und fein hacken. Die Orangenschale dünn abschneiden und in feine Würfel schneiden.

5. Die Languste der Länge nach halbieren (siehe auch die Stepfolgen für Hummer auf Seite 127). Den Darm und den Magen entfernen.

6. Die Butter in einer Sauteuse erhitzen. Die Schalotte darin anschwitzen. Den wilden Reis, die Langustenhälften mit der Schale nach unten und die Orangenschale hinzufügen. Den Weißwein, den Zitronensaft und den Gemüsefond mischen und angießen. Alles zugedeckt bei mittlerer Hitze etwa 5 Minuten kochen.

7. Inzwischen die Zitronenmelisse in feine Streifen schneiden.

8. Die Languste auf vorgewärmten Tellern anrichten. Den Reis daneben geben und mit der Zitronenmelisse bestreuen.

Meine Tips:

Als Getränk paßt am besten: Puligny Montrachet/Burgund von Leflaive.
Die edlen Krustentiere kommen aus der ganzen Welt zu uns, hauptsächlich aber aus Südafrika und aus Kuba. Sie sollten frische Langusten kaufen, keine vorgekochten. Lesen Sie dazu auch auf Seite 126 über Hummer.
Statt wildem Reis schmeckt auch Basmatireis (Duftreis) sehr gut zu den Langusten. Oder Sie bereiten ein Gratin mit je zur Hälfte süßen und normalen Kartoffeln.

Hummerkrabben mit Knoblauchravioli

Denken Sie rechtzeitig daran, die Bohnen einzuweichen.

Für 4 Personen:	
Für die Hummerkrabben:	
40 g	getrocknete weiße Bohnen
10 ml	Weißweinessig
	Salz
8	Riesengarnelen, je etwa 100 g
40 ml	Olivenöl
20 g	Butter
16	mittelgroße Oreganoblätter
Für den Nudelteig:	
2	Eier
2	Eigelb
10 ml	Olivenöl
	Salz
250 g	Mehl
100 g	Weizengrieß (Semolina)
Für Füllung und Sauce:	
3	Knoblauchknollen
1	Zweig Thymian
1	Lorbeerblatt
30 ml	Olivenöl
50 g	gekochte Kartoffeln
1	Eigelb
	Salz
	Cayennepfeffer
8	Oreganoblätter
150 ml	Gemüsefond (Rezept Seite 15)
30 g	kalte Butter
Quellzeit:	
	über Nacht
Arbeitsaufwand:	
	etwa 2 Stunden
Garzeit:	
	etwa 1 1/4 Stunden

1. Die weißen Bohnen mit Wasser bedecken und über Nacht quellen lassen.

2. Für die Raviolifüllung die Knoblauchknollen in die einzelnen Zehen teilen und mit dem Thymian, dem Lorbeerblatt und 20 ml Olivenöl auf ein Stück Alufolie geben. Die Alufolie schließen und den Knoblauch im Backofen bei 180° etwa 1 Stunde garen.

3. Die Bohnen abtropfen lassen und mit frischem Wasser, dem Essig und Salz zum Kochen bringen. Die Bohnen zugedeckt bei mittlerer Hitze in etwa 45 Minuten weich kochen.

4. Für die Ravioli die Eier mit den Eigelben, dem Olivenöl und 1 kräftigen Prise Salz schaumig schlagen. Das Mehl mit dem Grieß untermengen. Den Teig durchkneten, bis er glatt und geschmeidig ist, in Folie wickeln und etwa 1 Stunde in den Kühlschrank legen.

5. Die Hummerkrabben im Panzer der Länge nach halbieren. Den Magen und den dunklen, fadenförmigen Darm entfernen.

6. Die gegarten Knoblauchzehen aus den Häuten drücken (die Häute für die Sauce aufbewahren) und durch ein Sieb passieren. Die gegarten Kartoffeln schälen und durch die Presse drücken. Die Kartoffeln mit dem Knoblauchpüree, dem Eigelb und dem Olivenöl vermengen. Den Oregano in Streifen schneiden und mit Salz und Cayennepfeffer unter die Knoblauchmasse mengen. Alles gründlich mischen.

7. Den Nudelteig noch einmal durchkneten, dann auf wenig Mehl sehr dünn zu einem Rechteck ausrollen. Die Hälfte der Teigplatte in Abständen von etwa 5 cm mit etwas Knoblauchmasse bedecken. Mit dem restlichen Teig abdecken und Ravioli ausschneiden. Die Ravioli auf einem gut bemehlten Backbrett bereitstellen.

8. Für die Sauce die Knoblauchschalen mit dem Gemüsefond in einem Topf bei mittlerer Hitze etwa 10 Minuten köcheln lassen. Dann durch ein Sieb gießen, wieder in den Topf geben und auf etwa 60 ml reduzieren.

9. Für die Hummerkrabben das Olivenöl mit der Butter erhitzen. Die Hummerkrabben darin auf jeder Seite etwa 2 Minuten bei mittlerer Hitze braten. Während der letzten Minute die abgetropften Bohnen dazugeben.

10. Inzwischen die Ravioli in reichlich kochendem Salzwasser in etwa 2 Minuten »al dente« garen. Abgießen und im verbliebenen Bratfett der Hummerkrabben schwenken. Den Oregano in Streifen schneiden und dazugeben.

11. Die kalte Butter in Stücken unter die Gemüsesauce schlagen.

12. Die Hummerkrabben und die Bohnen auf vorgewärmten Tellern anrichten. Die Ravioli zu den Krabben geben und mit der Sauce überziehen.

Meine Tips:

Als Getränk paßt am besten: weißer Cotes du Rhône von Guigal. Hummerkrabben kommen aus allen Fanggebieten, der Schwerpunkt liegt aber in Asien. Je nach Fanggebiet sehen Hummerkrabben sehr unterschiedlich aus. Sie können Sie nur in ausgesuchten Geschäften frisch kaufen, meist kommen sie tiefgefroren in den Handel.

Hummer mit Artischocken, Blumenkohl und Petersilie

Artischocken und Blumenkohl sind typische Gemüse der Bretagne – Hummer gibt es auch von dort!

Für 2 Personen:	
1	weiblicher lebender oder roher Hummer von etwa 600 g
	Salz
1	Lorbeerblatt
1	Zweig Thymian
1 Eßl.	schwarze Pfefferkörner
	einige Petersilienstengel
1	Artischocke von etwa 300 g
1	Petersilienwurzel
30 g	Butter
30 ml	Pflanzenöl
100 g	Blumenkohlröschen
	frisch gemahlener schwarzer Pfeffer
1	kleines Bund Petersilie
40 g	Sahne
5 ml	Cognac
1	Spritzer Zitronensaft
	Cayennepfeffer
Arbeitsaufwand:	
	etwa 40 Minuten
Garzeit:	
	etwa 10 Minuten

1. Für den Hummer etwa 2 l Wasser mit Salz, dem Lorbeerblatt, dem Thymian, den Pfefferkörnern und den Petersilienstengeln zum Kochen bringen. Den Hummer darin etwa 1 Minute kochen. Dann aus dem Sud nehmen. Den Sud lauwarm abkühlen lassen, den Hummer wieder einlegen.

2. Die Artischocke putzen; die Blätter und das Heu entfernen. Den rohen Boden in etwa 3 mm dünne Scheiben schneiden. Die Petersilienwurzel schälen und ebenfalls in dünne Scheiben schneiden.

3. Den Backofen auf 200° vorheizen.

4. Den gekochten Hummer halbieren. Dazu den Hummer mit der Bauchseite nach unten auf ein Brett legen. Mit einer Hand gut festhalten und mit einem Messer an der kreuzförmigen Markierung des Kopfes einstechen. Dann der Länge nach durchtrennen. Den Magensack entfernen und wegwerfen. Den roten Corail ebenfalls auslösen und aufbewahren.

5. Die Scheren an den Gelenken anschneiden und abdrehen. Die Scheren an zwei oder drei Stellen mit einem Messerrücken aufschlagen, ohne das Fleisch zu verletzen. Das Fleisch auslösen.

6. In einer Pfanne die Butter und das Öl erhitzen. Die Blumenkohlröschen, die Artischockenböden und die Petersilienwurzel hinzufügen und anschwitzen. Das Gemüse mit Salz und Pfeffer würzen.

7. Die Hummerhälften mit der Schale nach unten auf das Gemüse legen, in den heißen Ofen (Mitte) geben und etwa 3 Minuten darin garen.

8. Das Gemüse wenden. Das Hummerfleisch aus den Scheren in die Pfanne geben und alles weitere 3 Minuten garen.

9. Die Petersilie waschen, trockenschwenken, die Blättchen von den Stielen zupfen und fein hacken.

10. Für die Sauce den Corail mit der Sahne, dem Cognac und dem Zitronensaft in einem Topf mischen und unter ständigem Rühren erwärmen, aber nicht kochen lassen. Die Sauce mit Salz, Pfeffer und Cayennepfeffer würzen.

11. Das Gemüse mit der gehackten Petersilie mischen. Den Hummer mit dem Gemüse auf vorgewärmten Tellern anrichten und mit der Sauce umgießen.

Mein Tip:

Als Getränk paßt am besten: Chardonnay/Burgund von Faiveley.

Der Inhalt des Buches von A bis Z

Hier stehen die Rezepttitel und Sachbegriffe in alphabetischer Reihenfolge. Damit Sie Rezepte mit bestimmten Zutaten wie Gambas oder Zander aber noch schneller finden können, stehen in diesem Register zusätzlich auch diese Gerichte – ebenfalls alphabetisch geordnet – unter den jeweiligen Hauptzutaten.

I/J

K

L

M

O

P

Der Inhalt des Buches von A bis Z

Die Autoren

Karl Ederer

geboren 1955 in Bayern, ist Patron und Küchenchef im »Gasthaus Glockenbach«. In München gilt sein Restaurant als Geheimtip unter Gourmets, bekannt sind vor allem seine ausgezeichneten Fischgerichte. Stationen seines beruflichen Werdegangs sind unter anderen: In München das »Tantris«, das Hotel »Der Königshof« und das Restaurant »Aubergine« von Eckart Witzigmann. Zwischendurch war Karl Ederer einige Jahre im Ausland, vor allem in Frankreich, wo er unter anderen auch im berühmten Restaurant »Le Duc« in Paris arbeitete. Seit 1983 führt er zusammen mit seinem Partner Michel Dupuis das »Gasthaus Glockenbach«. Seine Auszeichnungen bisher: 2 Mützen beim Gault Millau und beim Feinschmecker, 2 Kochlöffel im Schlemmer, 1 Mütze bei Varta.

Pete A. und Susi Eising

haben sich ausschließlich auf Food-Fotografie spezialisiert. In ihrem Studio für Lebensmittelfotografie entstehen anspruchsvolle Food-Aufnahmen. Zum Kundenkreis gehören Werbeagenturen und Industrieunternehmen. Zeitschriftenredaktionen und Kochbuchverlage. Um den Service abzurunden, ist an das Foto-Studio eine Bildagentur mit Sitz in München und in der Schweiz angeschlossen, selbstverständlich mit großem Hauptthema Food. Sowohl im Studio als auch in der Küche sind nur Profis beschäftigt. Neben Pete A. Eising und Susanne Eising hat an diesem Buch Martina Görlach mitgearbeitet. Sie war für die Requisite zuständig und wirkte auch an der fotografischen Gestaltung mit. In der Küche sind ständig zwei Köche beschäftigt.

Impressum

Genehmigte Lizenzausgabe
für Weltbild Verlag GmbH, Augsburg 1999

Redaktion: Cornelia Schinharl
Typographie: Robert Gigler
Herstellung: Ulrike Laqua
Farbfotos: Susi und Pete A. Eising
Styling: Susi Eising
Requisite und Mitarbeit im Studio:
Martina Görlach
Gestaltung: Ludwig Kaiser
Umschlagfoto: Kai Mewes, München
Umschlaggestaltung:
Greenstuff, München

Printed in Austria
ISBN 3-8289-1052-1